静下心来当妈妈

陈 思◎著

金盾出版社

图书在版编目（CIP）数据

静下心来当妈妈/陈思著 . -- 北京：金盾出版社，
2025.4. -- ISBN 978-7-5186-1854-5

Ⅰ.G78

中国国家版本馆CIP数据核字第20250V826号

静下心来当妈妈
JING XIA XIN LAI DANG MAMA

陈思 著

出版发行：金盾出版社	开　本：710mm×1000mm　1/16
地　　址：北京市丰台区晓月中路29号	印　张：10
邮政编码：100165	字　数：125千字
电　　话：（010）68276683	版　次：2025年4月第1版
（010）68214039	印　次：2025年4月第1次印刷
印刷装订：天津画中画印刷有限公司	印　数：1～11500册
经　　销：新华书店	定　价：56.80元

（凡购买金盾出版社的图书，如有缺页、倒页、脱页者，本社发行部负责调换）

版权所有　侵权必究

目录

第一章　情绪稳定的妈妈，孩子才不会暴躁

01 温柔坚定，孩子更听话 …… 001
02 妈妈态度积极，孩子更有动力 …… 004
03 惩罚有度，孩子才无阴影 …… 007
04 过于严厉，让孩子失去安全感 …… 010
05 批评对事不对人，孩子更容易接受 …… 013
06 越是打骂，孩子越是叛逆 …… 016
07 给予理解和支持，孩子更自信成长 …… 019

第二章　放手让爱更自由，给孩子成长的空间

01 放手爱，每个孩子都是独立个体 …… 022
02 支持孩子的决定，给他们选择权 …… 025
03 鼓励孩子勇敢追梦 …… 028
04 允许孩子说出自己的想法 …… 031
05 妈妈不大包大揽，孩子更自立自强 …… 034
06 信任孩子的能力，让他们勇敢探索 …… 037

第三章　和孩子平起平坐，才能真正沟通

01 先做朋友，再谈教育 …… 040
02 尊重孩子，不扣帽子 …… 043
03 不轻慢孩子，不做专制妈妈 …… 046
04 平起平坐，和孩子不分高低 …… 049
05 妈妈也要学会向孩子认错 …… 052
06 倾听孩子的声音，建立双向沟通 …… 055

第四章　用鼓励塑造孩子的自尊心

01 孩子做不好，妈妈的鼓励是力量 …… 058
02 孩子自卑时妈妈的肯定是良药 …… 061
03 找到孩子的闪光点，点燃成长的希望 …… 064
04 保护孩子求知欲，鼓励他问"为什么" …… 067
05 间接表扬，孩子更愿意进步 …… 070
06 当众批评，使孩子失去尊严 …… 073
07 当众表扬，提升孩子的自信心 …… 076

第五章　冷静处理"糟糕行为"，带孩子走向正轨

01 孩子叛逆，妈妈要冷静对待 ···································· 079
02 温和纠错，让孩子看到自己的成长 ···························· 082
03 孩子撒谎，妈妈要正确疏导 ···································· 085
04 孩子偷东西，妈妈要及时干预 ·································· 088
05 孩子任性，理解背后的原因 ···································· 091
06 孩子磨蹭，先接纳再引导 ······································ 094
07 面对顶嘴，保持耐心与沟通 ···································· 097
08 孩子孤僻不合群，妈妈要积极引导 ···························· 100

第六章　爱要有度，培养孩子的独立性

01 溺爱是谁的需要？爱孩子不等于放纵 ·························· 103
02 无规矩不成方圆，引导孩子学会自律 ·························· 106
03 过度保护，只会成为孩子成长的绊脚石 ······················ 109
04 切忌亲子关系凌驾于夫妻关系之上 ···························· 112
05 学会对孩子说"不"，孩子也要有界线 ························ 115
06 适度放手，让孩子学会承担责任 ································ 118

第七章　理性对待厌学问题，不强迫才能进步

01 孩子厌倦学习，妈妈要深刻反思 ································ 121
02 发现孩子的潜能，不要错失机会 ································ 124
03 望子成龙，需量力而行 ·· 127
04 越是紧盯，越是成绩差 ·· 130
05 讲述名人故事，激发学习兴趣 ·································· 133
06 创造轻松环境，让学习变得有趣 ································ 136

第八章　这些话，妈妈千万别说

01 "你真笨" ·· 139
02 "再这样，妈妈就不喜欢你了" ································ 142
03 "你一点礼貌都没有" ·· 145
04 "看看别人的孩子，多优秀" ···································· 148
05 "为这点小事儿，至于吗" ······································ 151
06 "不要逼我动手" ·· 154

第一章　情绪稳定的妈妈，孩子才不会暴躁

01 温柔坚定，孩子更听话

在中国经典智慧中，老子曾说："天下之至柔，驰骋天下之至坚。"这一"以柔克刚"的思想，传递着一种积极而有效的生活态度。在家庭养育中，妈妈的温柔和坚定同样对孩子的脾气和性格产生深远的影响。

美美想出门玩耍，妈妈温柔地说："天气预报很快要下大雨了，还是不要出去了吧。"但美美还是执意跑了出去。不久，大雨果然倾盆而至，美美被淋成了"落汤鸡"。她正担心回家会被妈妈责备，突然看到妈妈带着伞急匆匆找了过来。见到美美，妈妈一边笑着给她擦头发，一边说："你真像个落难的小公主，我是来拯救你的骑士，公主快跟我回家吧。"每当美美回忆起这件事，心中都会漾起温暖和甜蜜。

从美美的故事中不难看出，温柔的妈妈不但能让孩子感受到爱的力量，还能培养出更加阳光、自信和幸福感更强的孩子。

温柔坚定能为孩子提供巨大能量

妈妈温柔坚定，能为孩子提供巨大的正向能量，使他们在应对挫折时，更加坚持和努力。

● 妈妈越温柔，孩子越有安全感

当孩子遇到困难或犯了小错时，妈妈如果急于责备说教，孩子往往会更加焦虑、害怕。而如果妈妈能一边温柔地安慰鼓励，一边平和

地表明自己的态度和立场，孩子则能感受到支持，更愿意承认错误，面对困难。温柔的妈妈更容易成为孩子的依靠，给予孩子充足的安全感。

● 妈妈越温柔，孩子越会勇敢追梦

温柔而坚定的妈妈懂得尊重孩子，在孩子追逐梦想的旅程中，能够提供更多的支持和理解。温柔的力量在于它能抚慰心灵，坚定的力量在于它能提供方向，两者结合，孩子才能真正做到迎难而上、不怕挫折。

● 妈妈越温柔，家庭越温暖平和

温柔坚定的妈妈懂得在爱与规则之间找到平衡，使孩子明白温柔是有原则的，不是无底线的妥协，坚定是带有力量的，不是令人生畏的压迫。在这样的家庭中，孩子既享受了尊重和关爱，也意识到规则的重要性。

第一章 情绪稳定的妈妈，孩子才不会暴躁

如何习得温柔且坚定

生活中，妈妈要理解孩子的需求与情感，同时坚守合理的规则，找到爱与规则的平衡点，做到温柔而坚定地养育。

1. 营造温和的沟通语境。妈妈在面对孩子的要求时，要选择平和的表达方式。例如，孩子不愿意多穿衣服，妈妈可以用带着关爱的语气说："穿得太少，我担心你会冻感冒。"而不是说："不听话，冻感冒了我可不管。"在温柔的语气中，孩子更容易接受妈妈的要求或批评。

2. 温柔"示弱"，坚定拒绝。妈妈在拒绝或否定孩子的要求时，不要带有敌对情绪。比如，孩子想买一件超出预算的物品，妈妈不要板起脸："这么贵，真不懂事。"可以说："我知道你很想要，但我很抱歉，它太贵了。"这种方式看似"示弱"，但态度坚定且无敌意，更容易让孩子理解和接受。

知识点

1. 温柔坚定的沟通。妈妈在与孩子沟通和处理问题时，应以温柔且坚定的态度为主，这样既能提供支持和关爱，又能坚持合理的规则和立场，帮助孩子感受到安全感和方向感。

2. 平衡爱与规则。在养育过程中，妈妈应在爱与规则之间找到平衡点，温柔地表达关爱，同时坚定地传递规则和限制，使孩子在尊重和关爱中成长，懂得规则的重要性。

02 妈妈态度积极，孩子更有动力

妈妈的心态在家庭养育中至关重要。积极、乐观的心态能为孩子营造安全感和自信，帮助其建立积极的人生观；而焦虑、急躁的心态可能给孩子带来不安和压力，影响其心理健康和成长。

小语制作了一个手工作业，颇为得意，但老师却只给打了B。她很沮丧，认为自己很差劲。妈妈先是对她的作品进行了正面肯定："在妈妈的标准中，有两个方面你做得特别棒。一是使用自己收集的环保材料，二是妈妈看到你辛苦做了三个小时，很用心。"小语情绪稳定一些后，妈妈鼓励她跟老师请教：在老师的标准中哪里做得不够好。在妈妈的鼓励下，小语越来越喜欢手工，并且越做越好了。

这个案例说明，妈妈用积极的态度引导孩子应对问题，孩子因此乐于接受挑战，积极解决问题，并且兴趣更浓厚。

积极态度会滋生蓬勃的生命动力

每个孩子都天生具有蓬勃向上的成长动力。妈妈态度积极时，孩子接收到的是正面、美好的情感，成长的动力就强一些，活力满满；妈妈态度消极时，孩子接收到的是负面、不舒服的情感，成长的动力就弱一些，萎靡消沉。

● 积极暗示会调节孩子的情绪

心态积极时，孩子不容易陷入某种情绪里，他能根据不同情况切换自己的想法，表现得聪明有活力。妈妈态度积极，就会带给孩子积极的心理暗示，使他们能更加自如地调节自己的情绪，展现出旺盛的生命力。

● 积极心态影响孩子的行动

人消极时，动力会受到抑制，表现出懒惰、不想动的状态；积极时会更有上进的动力。妈妈传递积极的态度给孩子，会驱使他们行动，表现出更强的执行力，从而能更好地面对挑战、追求梦想。

习得积极的能力

每位妈妈都希望孩子的成长之路积极乐观，充满动力。积极乐观并非天性，而是可以后天习得。

1. 做乐观的妈妈，培养积极思维。生活中，作为妈妈无法消除消极、低落的情绪，但是可以改变看待问题的角度，把事情往可控的方面想，培养积极思维，吸取经验，乐观生活。只有妈妈心态好了，家庭才能布满阳光，孩子才能快乐成长。

2. 多用积极解释，减少负面投射。妈妈在与孩子交流时，应多使用态度积极的语言，避免负面投射。比如孩子贪玩忘记写作业，不说："不监督你，你就只知道玩手机，怎么这么不听话。"这样无形中把"不听话"的负面标签投射在了孩子身上。可以试着说："你常常自己主动写作业，昨天贪玩忘记写是不对的，今天试着写完再玩。"

3. 引导孩子反驳自己的消极想法。妈妈要教孩子识别和表达自己的负面情绪，并提供方法来处理。当孩子说"大家都不喜欢我"时，可以了解孩子这样说的原因，再说："这次是因为他们已经开始游戏了，不想被多一个人打断，才不跟你玩，上一次你们不是一起玩得很开心吗？你可以先去找别人玩。"这样，引导孩子反驳自己的消极想法：是事出有因，不是不喜欢我，并积极地去解决——"找别人玩"。

知识点

1. 妈妈的态度影响孩子。妈妈在生活中要培养自己的积极心态，再用积极的态度帮助孩子调节情绪，影响他们的行动，培养更有活力的孩子。

2. 如何培养积极态度。妈妈遇到消极情绪时，可以试着改变看问题的角度，培养积极思维；与孩子交流时，多使用积极语言，避免负面投射；孩子有消极想法时，要引导他改变观念。

03 惩罚有度，孩子才无阴影

家庭教育中，妈妈不可避免地会对孩子进行惩罚，以达到规则教育的目的。惩罚是一种教育手段，也是一种需要智慧的挑战。

小峰偷了妈妈的钱，同小伙伴出去玩。妈妈发现后非常生气，她将小峰痛打一顿，罚小峰跪在地上，不许吃饭不许睡觉。妈妈希望通过这样的严惩，能让小峰痛改前非。但从这件事后，小峰像变了一个人一样，在家里几乎不同妈妈说一句话，整个人也很消沉，很少有笑容……直到这时，妈妈才意识到，她的过激惩罚，对小峰造成了深深的伤害。

这个案例告诉我们，只有理智、适度的惩罚才具有正向效果，对孩子的成长产生益助。而惩罚无度，则会给孩子造成难以修复的心理阴影。

有效的惩罚有尺度也有温度

惩罚要符合孩子的身心特点，前提是要顾全孩子的尊严。妈妈惩罚的是孩子的行为，而不是孩子的人格。惩罚要针对不同的孩子、不同的惩戒目的，采用不同的方法。

● 惩罚的目的

对孩子进行合理的惩罚，能够培养孩子良好的行为习惯和价值观。只有能控制自己的行为习惯并遵守必要的规则，孩子内心才有真正的自由和松弛感。另外，孩子犯错或出现问题后，内心也存在一定的愧疚和负担。合理惩罚，会使他的愧疚和负担减轻，滋养出弥补过错的意愿，内心也会更加轻松和自信。使孩子内心松弛，才是惩罚的真正目的。

● 惩罚的智慧

妈妈实施惩罚时需要智慧。如果惩罚对孩子没有任何效果、"不痛不痒"，或者孩子在接受惩罚后垂头丧气、情绪低迷，都是惩罚的方式出现了问题。惩罚方式可以因人而异，比如对开朗的孩子，可以直截了当，惩罚聪明又爱面子的孩子可以通过暗示，惩罚故意作对的孩子，要找到原因，不可蛮干。

第一章　情绪稳定的妈妈，孩子才不会暴躁

适度惩罚和有害惩罚

1. 几种适度的惩罚方法。孩子犯错时，可以让他分担一些家务，家务本是他不想做的事，通过这种方式让孩子知道自己犯错就要承担不喜欢的后果。也可以禁止孩子的某些权力，比如他偷偷玩手机而没有写作业，可以暂时没收手机作为处罚，等他能管理好时再还给他。不管哪种方法，都要适度。

2. 常见的有害惩罚要绝对摒除。妈妈要绝对禁用粗暴式打骂，尤其是当众打骂的方式对孩子进行惩罚。也不要补罚，惩罚及时才能起到效果。不要用"收回应得的奖励"这种方法惩罚孩子，奖励是对孩子优秀表现的表扬，与对错误行为的惩戒分开来，孩子才会有更清晰的认识。妈妈也不要经常惩罚孩子。

知识点

1. 惩罚要顾全孩子的尊严。妈妈在惩罚孩子时，应针对具体的行为，而不是贬低孩子的人格，不能伤害孩子的自尊心。

2. 智慧选择惩罚方式。妈妈应根据孩子的性格，选择合适的惩罚方式。比如对爱面子的孩子，可以私下谈话来指出错误；对于内向的孩子，可以通过写信的方式。

3. 适度惩罚的实施。适度的惩罚可以让孩子认识到错误并承担后果。比如，当孩子违规使用手机，可以暂时没收手机，并解释："你需要学会管理自己的时间，完成作业后再使用手机。"这种方式，既明确又不失温情。

4. 避免有害的惩罚。妈妈应避免使用暴力或羞辱性的惩罚方式。如不应当众责骂，而应选择私下谈话。也不要通过收回之前的奖励来惩罚孩子，应保持奖励和惩罚的独立性。

04 过于严厉，让孩子失去安全感

近年来，青少年抑郁症、叛逆、校园暴力等有越来越严重的趋势。因此，人们开始重视和反思起传统教育观念下"父严子孝""耳提面命"的教育方式。

童童刚上一年级时母子关系很融洽。但开始学拼音后，妈妈发现童童跟不上学习进度。担心当天的字母学不会，第二天还要学新的，妈妈便每天要求童童读写，一次记不住就十次，十次还不行就二十次，二十次记不住，妈妈就会发火，骂她不专心，或者推搡童童。童童越委屈，妈妈越生气，甚至要求她站在那里不许动，一个字母重复念一千次。两个星期后，童童开始厌食、失眠，甚至放学后偷偷躲起来，不让妈妈接她回家。

妈妈这时才后悔不已，是她过于严厉，才让孩子内心极度缺乏安全感，想要逃避。

真正的爱应该严而有度

教育现状的"内卷"，使很多妈妈处于焦虑之中，为了"不输在起跑线上"，这些妈妈对孩子要求很高且十分严厉。

● 严而有度才能给孩子营造安全感

如上面案例中的童童妈妈一样，很多妈妈把孩子当成学习的机器，以为只要是自己要求的，孩子都会达到。当孩子达不到时，她们就通过强制的手段逼迫孩子。孩子常常处于高压和恐惧之下，内心极度缺乏安全感，心灵留下了难愈的创伤。

● 过于严厉，违背孩子自身发展规律

有的妈妈对孩子要求苛刻，并用强势的手段逼迫孩子达成目标，对孩子不满意时，她们会无情责骂、拔苗助长，这些做法，违背了孩子自身的发展规律，长期在这样的环境中，孩子的心理受到严重伤害，他们有的自卑怯懦，有的产生逆反心理，导致亲子关系破裂。

怎样做到严而有度

1. 任何严格都应该从爱出发。严格本身并没有错,只有超过了限度,失去了"爱"的严格才是严厉。妈妈可以给孩子制定严格的规则,但这种规则要适合孩子的年龄、性格、能力,在要求孩子遵守这些规则时,要去共情孩子的感受,帮助他们理解并做到。这样"严格"与"爱"的融合统一,才会让规则不再冰冷,严格也变得有温度,孩子才能感受到满满的安全感。

2. 学会"温柔的严厉"。"温柔的严厉"是指在保持温和语气和态度的同时,依然坚持规则和底线。比如,当孩子在外面玩耍超过规定时间时,妈妈可以温柔地说:"我知道你玩得很开心,但我们的规定是五点前回家,超时了,就需要接受惩罚。"这种方式,既不会让孩子感到被斥责的恐惧,又能明确传达规则。温柔不等于妥协,严厉也不等于冷酷。妈妈在温和中坚定立场,从而让孩子明白规则背后的关爱和期望。

知识点

1. 严而有度才能营造安全感。在教育孩子时应把握"严格"的尺度,要结合孩子的年龄、性格和能力,制订适当的规则,确保在严格的同时让孩子感受到爱与安全。

2. 避免过于严厉。过于严厉的教育方式违背孩子自身的发展规律,会对孩子的心理造成伤害,或者滋生孩子的逆反心理。

3. 多用"温柔的严厉"。妈妈应在温和的交流中坚持规则和底线,不妥协也不冷酷。通过"温柔的严厉"帮助孩子理解并遵守规则,让孩子在感受到爱的同时学会自律。

05 批评对事不对人，孩子更容易接受

当孩子犯了错误，妈妈进行批评时，不同的妈妈会选择不同的方法，而达到的效果，也会不同。

厨房里，孩子正兴致勃勃地想跟妈妈一起做蛋糕，却一不小心碰倒了面粉袋子，面粉洒了。这时，有的妈妈会说："孩子，如果面粉袋子及时放到碰不到的地方，就可以避免这样的意外了。"小朋友点点头，表示知道了，并跟妈妈一起打扫起来。而有的妈妈会说："你真是笨手笨脚，笨到家了。"小朋友听了后，很难过，撅起了嘴，也失去了做蛋糕的兴致。

上面两种批评方式，前者是对事不对人，而后者是对人不对事。很显然，前者更容易被孩子接受。

"对事不对人"在亲子沟通中非常重要

孩子可以接受批评，但他们不希望听到妈妈的攻击，妈妈的语气越差，孩子本能的反抗就越激烈。孩子在面对批评时，希望妈妈能公正、客观地对待自己的错误。

- "对事不对人"可以保护孩子自尊，提升自信

孩子也有自己的自尊需求，并且孩子的自尊心更加脆弱。如果妈妈针对孩子的人格进行批评指责，孩子可能认为"我很糟糕"，不仅

自尊受挫,还会产生自卑心理。而"对事不对人"可以让孩子明白,错误是可以改正的,只要改正错误,就能一步步提升。因此,既保护了孩子的自尊,也提升了孩子的自信。

● "对事不对人"更能帮助孩子建立规则

当孩子犯错,妈妈关注事情本身时,可以与孩子一起分析问题、探讨解决方法,孩子在这个过程中学会了独立思考,能力也得到了锻炼。所以,"对事不对人"其实是把孩子的错误变成一个建立规则和学习的机会,使孩子在错误中得到成长。

"对事不对人"的小方法

为了做到"对事不对人",妈妈们可以学习一些简单的方法和技巧。

第一章　情绪稳定的妈妈，孩子才不会暴躁

1. "三明治效应"。三明治效应是一种很有效的沟通策略。其核心在于，当妈妈对孩子进行批评时，可以尝试调整表达方式，首先给予认可，随后指出问题，最后寄予期待。比如孩子写作业磨蹭，妈妈很生气，可以说："妈妈知道你答应的事都在努力做，昨天写作业就很专心；今天在拖拉磨蹭，浪费时间；我觉得你能控制自己，专注写完作业，这样也能挤出时间玩。"这种沟通让孩子感受不到妈妈的指责，更容易接受。

2. 用"事"的视角看待孩子。妈妈批评时可以用"一件事"的视角来看待孩子。"事"就像数学题一样，是有解的。比如一个孩子总是打架，妈妈要相信打架是有原因的，列出原因，分析孩子的心理，一条条制订应对措施，最后总会找到问题的最优解。

知识点

1. 注重具体行为，避免人身攻击。当孩子做错事时，妈妈应针对具体的行为进行批评，而不是攻击孩子的人格。例如，孩子考试成绩不理想，妈妈可以说："这次考试有些地方没做好，我们一起找找问题在哪，下次改进。"这样，孩子更容易接受批评，并能感受到支持。

2. 从"事"的视角找到最优解。批评的目的是帮孩子理解问题并找到解决方案，而不是为了责备。从"事"的视角，可以更客观地分析问题，找到最优解。

3. 运用"三明治效应"。"先认可，再指出错误，最后寄予期待"，批评时用这三个步骤，就是"对事不对人"的实用小方法。这样沟通能让孩子感受不到指责，更容易接受。

015

06 越是打骂，孩子越是叛逆

传统教育理念中"权威教育"被部分人认同。在这种思想下，"棒下出孝子""不打不成器""打是亲，骂是爱"的教育方式通常被认为是正确的。

小敏最近为了儿子轩轩愁眉不展。十一岁的轩轩身体健康，但不爱运动，体测常常不达标。说起轩轩这个状况，小敏很后悔。轩轩小时候跟所有男孩儿一样，喜欢运动。因此，小敏给他报了好几个兴趣班，篮球、跳绳、游泳等。小敏希望轩轩学好体育技能的同时，也能强健体魄，提升运动能力。兴趣班有时会举行一些比赛，因此对训练有一定的要求，这使轩轩感受到压力。而每当他不愿意练习时，小敏就动辄打骂。越是打骂，轩轩越是抗拒练习，小敏就变本加厉打骂。这种恶性循环一直持续到轩轩读三年级，小敏无奈之下取消了所有兴趣班为止。但从此轩轩对任何运动都很排斥，就连学校的体育课都找各种理由逃避。

这个事例展现出了打骂教育的恶果。妈妈暴力对待孩子，孩子便暴力对待妈妈的要求。对孩子越是打骂，孩子越会叛逆。

打骂伤害孩子的心智和亲子关系

妈妈与孩子间良好的互动，是心灵的交流，而不是打骂。打骂像一把刺向孩子的尖刀，伤害着孩子的身体、心智，也严重疏离了亲子关系。

第一章　情绪稳定的妈妈，孩子才不会暴躁

● 打毁对孩子身心造成伤害

打骂不仅伤害孩子的身体，也伤害了他们的心灵。被妈妈打骂后，一部分孩子为避免打骂，变得胆小怕事，不敢尝试，甚至撒谎逃避责任。也有另一部分孩子对打骂的适应力逐渐提高，不仅表现出无所谓的态度，还以暴躁、攻击性、叛逆来进行反抗。

● 打骂使亲子关系紧张

妈妈对孩子进行打骂，不仅孩子会伤心，妈妈自己也会内疚，实则百害而无一利。孩子在妈妈的暴力下，要么感到无助，内心越来越孤独，要么会产生报复心理，越来越叛逆。打骂使亲子关系的隔阂越来越深。

● 打骂行为可以代际传递

打骂行为在家庭中可能代代相传。孩子在童年时期遭受打骂，这种行为模式会在不知不觉中传递给下一代。这种传递会对家庭造成深深的伤害。

拒绝打骂，多一些温情教育

1. 要允许孩子犯错。妈妈们要有允许孩子犯错的认知。孩子本身就是在不断犯错中成长的，孩子犯错时，需要的是安慰和帮助。妈妈首先要做的就是保持冷静，控制好情绪。不然很容易出现怒吼、打骂的行为。

2. "情理教育"比打骂更有效。聪明的妈妈会用"情理教育"替代打骂来教育孩子。遇到孩子犯错时，用温和的语言和语气进行耐心引导，创造和气的沟通氛围。

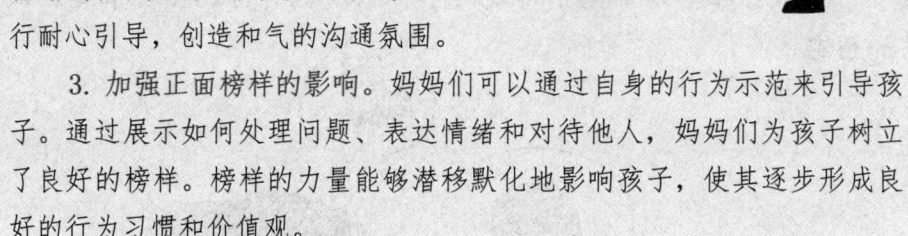

3. 加强正面榜样的影响。妈妈们可以通过自身的行为示范来引导孩子。通过展示如何处理问题、表达情绪和对待他人，妈妈们为孩子树立了良好的榜样。榜样的力量能够潜移默化地影响孩子，使其逐步形成良好的行为习惯和价值观。

知识点

1. 打骂教育的恶果。打骂不仅无法解决问题，反而会让孩子变得更加叛逆和排斥。这种教育方式适得其反，伤害孩子的心智和亲子关系。

2. 推崇温情教育。妈妈应拒绝"打骂"教育，倡导温情理性的温情教育方式。允许孩子犯错，孩子犯错时，用温和的语言进行耐心引导。

07 给予理解和支持，孩子更自信成长

养育的路上，有些妈妈会遗憾，自己无法给孩子提供更好的物质条件和优质的生活资源。但其实，比优越的物质条件更重要的，是用理解和支持给孩子创造一个温暖、有安全感的成长环境。在妈妈的理解与支持下，孩子更能学会爱与尊重，更能发挥自身潜力，成长为自信快乐的自己。

小帆生活在一个特殊家庭里，妈妈是聋哑人，爸爸长年在外打工。尽管生活不富足，但是小帆的妈妈一直是个乐观爱笑的人。小帆的记忆中，不管他做什么，妈妈都会温柔地拍拍他，向他伸出大拇指表示称赞。小帆成绩好时她这样，小帆考砸了她也这样，有一次小帆为了掏黄鳝，弄了一身泥回家，她看着小帆的背篓也向他伸出大拇指。在母亲乐观性格的影响下，小帆从来没有为家庭感到自卑，相反，他阳光帅气，总是充满自信，以优异的成绩考上了一所重点大学。

从小帆身上我们可以看到，一个孩子，得到妈妈的理解和支持，就会更加自信快乐，也更有可能在学业和个人成长上取得成功。

给予理解和支持，孩子内心更强大

在孩子成长的旅程中，常常会遇到各种挑战。在此刻，如果妈妈给予的是责备与压力，会加重孩子的心理负担，使他们感到沮丧与失落；而如果妈妈能够提供支持与理解，孩子则能够汲取前行的力量，自信地昂首面对生活。

● 理解是连接亲子关系的纽带

孩子拥有独特的内心世界，蕴藏着各种思想与需求。妈妈应当尊重他们的观点和兴趣，允许他们追求自己的梦想；妈妈也不能只用自身的标准去衡量孩子的行为，而是应该多从他们的视角出发来看待问题。唯有真正理解孩子，才能与之建立良好的沟通与信任。例如，当孩子热爱运动时，不应该强迫他们跳舞；当孩子因小事哭泣时，不要指责他们脆弱，而应该耐心倾听他们的心声，了解原因。

● 支持是孩子培养自信的动力

当孩子在成长中遇到困难时，妈妈的支持是他们勇敢应对挑战的力量源泉。支持不仅体现在鼓励孩子面对困境，帮助他们分析和解决问题，还体现在给予孩子足够的自由和空间，使他们能够独立探索解决问题的方法。通过这样的经历，孩子的自信心逐渐增强，自身能力也得以不断提升。

第一章 情绪稳定的妈妈，孩子才不会暴躁

表达理解和支持的方法

表达理解与支持，就要帮助孩子建立自信与自尊，培养他们勤奋和坚韧的品质，鼓励他们通过努力去追求成功，引导他们健康而快乐地成长。

1. 以尊重为基础。理解和支持的前提是尊重。在养育过程中，妈妈要把孩子当成独立的个体，不能用居高临下的姿态管教孩子，要以平等的姿态与孩子进行交流，这样才能了解孩子的心声，理解他们的行为。

2. 以鼓励为准则。支持和理解，一方面要接纳孩子的缺点和不足，另一方面要看到孩子身上的闪光点，及时对这些闪光点进行强化和鼓励。鼓励，可以帮助孩子树立自信，保持积极向上的生活态度，可以为孩子追求梦想注入强大助力。

知识点

1. 理解和支持为孩子提供更多动力。妈妈给予孩子支持理解，才能与孩子建立更密切的亲子关系，帮助孩子在困难中寻找到解决问题的方法，获取强大动力。

2. 理解支持的表现是尊重与鼓励。只有平等对待孩子，以尊重为前提，才能了解孩子的心声。只有用鼓励代替指责，孩子才能树立信心，积极乐观地生活。

第二章　放手让爱更自由，给孩子成长的空间

01 放手爱，每个孩子都是独立个体

从孩子降生那天开始，妈妈就习惯于紧握孩子的手，给他们无微不至的照顾，怕他们饿了、冷了，怕他们受伤、受委屈，恨不能替孩子阻挡掉外界的一切风雨。但有时候，妈妈们也会发现，做了那么多，孩子似乎并不领情，付出的爱有时被他们当成温柔的枷锁。因此，妈妈也要适当放手，给孩子一定自由，让他们去拥抱自己的人生。

玥玥想学一样乐器，但是她拿不准学什么。妈妈没有给她出主意，而是研究了家附近多个培训机构，了解每家的师资情况、老师的培训成绩等。然后妈妈筛选了三种民乐器和三种西洋乐器，收集了它们最有代表性的演奏视频给玥玥感受。妈妈陪玥玥一起了解这些乐器，与老师交流，最终玥玥选择了心仪的乐器进行学习，体验到了音乐的美妙。

这个事例中，妈妈虽然提供帮助，但也适当放手。放手，让孩子有了独立的思考和选择权，自己对自己负责。

放手，让爱自由成长

养育孩子，放手是必然。那些在适当时候被妈妈放手培养的孩子，往往更加自信，更加独立自主，有更强的适应性和生存能力。爱孩子，就不能让爱成为束缚，而应该学会放手。

第二章　放手让爱更自由，给孩子成长的空间

● 每个孩子都是独立个体

孩子自从脱离母体，就是一个独立的个体了。在妈妈陪伴孩子长大的过程中，孩子一直有自己独特的思想和情感，他们不是妈妈的影子或附属品。妈妈如果与孩子链接太紧密，孩子的想法和行为就会受到制约和限制，他的主体性就会有缺失。妈妈要尽可能地尊重并保护孩子的独立性，帮助孩子建立独立的角色认知，给予孩子独立的成长空间和成长机会。

● 放手才是真正的爱

既然孩子是独立的，妈妈就应该适当放手，让孩子可以去做力所能及的事，哪怕失败，也是宝贵的体验。放手让孩子自己做决定，同时承担相应结果，他会更有主见、有担当；放手让孩子提高自我管理能力，他能感受到信任，会变得更自信。妈妈放手，是爱孩子最好的方式。

023

把握好放手的分寸

放手是妈妈养育孩子中必会的功课，也是孩子成长的关键，但是放手也要把握时机和分寸。既要通过放手，给予孩子充足的空间与自由，又不能撒手不管，忽略孩子。

1. 出手施肥，不要"揠苗助长"。对于放手的分寸，尹建莉老师在《自由的孩子最自觉》一书中给出建议：给孩子"出手施肥"是好的，但不要"揠苗助长"。当孩子遇到困难时，妈妈要及时提供帮助，但是不能代替孩子去解决问题，要让孩子学会独立思考。

2. 放手不放任。放手不是放任，不意味着不管不顾。有些妈妈在生活中忽略孩子，除了提供吃穿住行，其他一切都靠孩子自己处理。这样的放手，实际上是不负责任的表现。无论出于什么原因，妈妈都应该尽己所能，关注孩子的情绪，了解孩子的成长状况，帮他们把握大方向。

知识点

1. 放手要主动而不被动。养育，放手是必然。与其到孩子长大时不得不放手，不如从孩子小时候就学习放手。放手，是对孩子最大的信任，可以让孩子更加独立自主、自由成长。

2. 把握放手的分寸。放手有原则，也要注重时机和分寸。放手不是放任，也不是忽略。既要给孩子自由，也要在孩子遇到困难时，及时提供帮助，帮他们把控方向。

02 支持孩子的决定，给他们选择权

很多妈妈在孩子成长过程中，喜欢将孩子的事安排得明明白白，替孩子做出很多决定。但妈妈替孩子做的决定，有时"吃力不讨好"，孩子不仅不认可，还会有抵触和反抗的情绪。

小强读初中时，妈妈为了让他读"更好"的学校，替他选择了一所需要住宿的学校。尽管小强多次跟妈妈沟通，表达他害怕住宿的想法，妈妈还是认为"男孩子适应一下就好了"，强行让小强离家住宿。令妈妈没有想到的是，小强住宿不到两个星期，就起了应激反应，晚上睡觉害怕、大喊大叫，一回宿舍就浑身发抖，最后被确诊为急性应激障碍……

虽然小强的案例过于极端，但现实中，大多孩子更希望的，是在自己的事情上自己有选择和决定的权利，毕竟自己更了解自己。否则，很可能酿成悲剧性的结果。

支持孩子决定，是对他最大的尊重

妈妈对孩子最好的爱，是让孩子做自己，遵循自己的本心，按照自己的意愿决定自己的事。妈妈支持孩子的决定，是对他最大的尊重。

● 决定权交给孩子

孩子小的时候，妈妈就要尝试将生活中的小事，让孩子自己做主。比如今天去哪里玩，穿什么衣服等。等遇到稍微复杂的事时，妈妈提供合理的建议后，也要鼓励孩子自己决定。慢慢地，孩子就会变得有

主见。决定权交给孩子，是培养孩子独立的第一步。

● 必要时提供帮助和支持

孩子可以通过选择表达自己的想法和意愿。生活中，孩子面对选择无所适从时，妈妈可以给孩子限定范围，减轻他们的选择压力。比如孩子要给朋友买礼物，妈妈可以限定金额，再让孩子决定。对于选择的结果，妈妈不能轻易否定。比如，妈妈让孩子选择吃什么，孩子做出了选择，妈妈就不能再不同意。

怎样给孩子选择权才正确

如果孩子成长中没有机会对自己的事情进行选择，不仅会养成依赖的习惯，还会优柔寡断，不敢承担责任。但有时候，选择也并不容易。妈妈要教会孩子如何面对"鱼和熊掌不可兼得"的现实，鼓励他们进行选择。

第二章　放手让爱更自由，给孩子成长的空间

1. 选择权与责任对等。将选择权交给孩子，需要他们在选择前分析利弊、判断结果、权衡得失。一旦做出决定，意味着他应该为自己的选择努力，也应该为自己的选择承担责任。选择权利的背后，是责任的对等。

2. 选错背后是成长。将选择权交给孩子，就不能再为孩子选错而焦虑，要意识到选错的背后是成长的契机。如果孩子选择睡觉前玩手机，导致第二天起床晚，上学迟到，那么他会受到老师批评，后面就不会再做同样的选择。这对孩子来说就是一次成长。事实上，孩子越小，错误的成本也越小。不如在他们年少时，将更多选择权交给他们，让他们在试错中成长。

3. 支持但不盲从。面对孩子做出的选择，妈妈要给予信任和支持，但也不能盲从。如果孩子的选择明显不妥，或是有违学校纪律，甚至违背法律法规和伦理道德，妈妈要指出问题，帮助孩子重新审视，找到其他选择方案。

知识点

1. 决定和选择让孩子更独立。自己有选择和决定的权利，孩子会更有成就感，他们更愿意为自己的决定和选择负责，也愿意对此承担后果，这会使孩子更加自信和独立。

2. 自我决定与成长。权利与责任对等，孩子拥有选择决定权，也必将承担相应的责任。无论结果怎样，都是孩子成长的契机。

03 鼓励孩子勇敢追梦

现实中，一些孩子越来越缺少活力，他们打不起精神学习，找不到方向，对生活和前途一片迷茫；相反，也有一些孩子，每天都生机勃勃，他们踏实努力，一点点实现着人生的目标。

思思是个农村女孩儿。她从小就喜欢装饰娃娃，给娃娃做各种衣服，用纸剪、用笔画、用废布料缝。妈妈对思思的作品赞不绝口。高中毕业，思思没有考上大学。周围像她这样的女孩接下来就要嫁人了。但思思妈妈却拿出家里的积蓄，送她去读技术学校的服装设计专业。毕业后，思思去服装厂打工，虽然工资微薄，她还是坚持设计服装并得到妈妈一如既往的支持。多年后，思思成了一位名副其实的服装设计师。

从思思的故事我们看到，孩子是否有生命活力，其实源自他们是不是有自己的梦想。有梦想，再多艰难困苦也能克服，没有梦想，哪怕父母将他的人生路线规划得很完美，他内心也没有动力去实践。鼓励孩子勇敢追梦，是妈妈的重要责任。

呵护孩子梦想的萌芽

对于孩子而言，只有拥有自己的梦想，内心才会生发出为了梦想努力的原动力。如何呵护孩子梦想的萌芽，直到最后开花结果，是妈妈需要学习的。

● 给孩子减负，给梦想留下空间

很多孩子的日常生活被妈妈安排得井井有条，又异常忙碌。孩子的生命通道被妈妈的"理想"和"愿望"填满，便无法再安放自己的梦想。妈妈要尽可能给孩子减负，给他们的生命留白，使孩子们的梦想拥有一块可以发芽的土壤，使他们拥有一片可以培养梦想长大的精神花园。

● 帮孩子寻找接触梦想的机会

妈妈要尽可能帮孩子创造更多接触梦想的机会。如果孩子梦想成为一名外交官，妈妈可以多陪孩子了解世界历史、各国风情，带孩子参加一些文化活动，培养孩子具有博爱、宽容、积极向上的品质。这个过程只需"润物细无声"即可，不必操之过急，也无须夹杂功利。

引导孩子在梦想与现实间寻求平衡

对于孩子的梦想,无论有多遥远,妈妈都不要打击孩子,更不能冷漠对待。妈妈要帮助孩子搭建一座梦想和现实之间的桥梁,引导孩子将追逐梦想付诸行动,并在梦想与现实间寻得平衡。

1. 正确看待孩子的梦想。梦想虽然是一种想象,但它不是虚无缥缈的,它蕴藏了孩子灵动的心思与坚定的信念。当孩子说出梦想时,妈妈应该感到高兴和骄傲,要肯定孩子的想法。如果妈妈轻描淡写来一句:"先写完作业吧,想这么多有什么用。"那孩子的梦想就被泼了冷水,很有可能就此破灭。

2. 梦想需要付诸行动和时间。对孩子来说,梦想有着无穷的魅力,使他产生内驱力。但仅仅具有内在的动力依然不足以实现梦想,妈妈需要帮助孩子,在梦想与现实间搭建一座桥梁,而这座桥梁,就是行动和时间。妈妈要鼓励孩子把梦想转化为具体的目标,付诸行动和时间去实现这些目标,从而离梦想越来越近。

知识点

1. 鼓励孩子有梦想。外界加在孩子身上的目标,并不能成为他长久努力的动力。只有拥有自己的梦想,设定自己内心追求的目标,他们才会有向上的内驱力。

2. 帮助孩子维持梦想与现实的平衡。行动与时间,是连接梦想与现实的桥梁。妈妈要引导孩子,将梦想转化为具体的目标,并为之付诸行动与时间,达到梦想与现实间的平衡。

04 允许孩子说出自己的想法

生活中,很多妈妈会抱怨孩子没有自己的想法,问他什么都说"随便""都行"。

莎莎是一个"选择困难"的孩子,在食堂打饭时,面对吃什么她犹豫来犹豫去,经常受到后面同学的催促;买东西就更别提了,一个颜色问题,她能考虑半个小时;在选择报什么社团时,她也纠结来纠结去。

像莎莎这样的孩子不少,他们习惯了什么都听别人的,需要自己做决定时,就选择困难。他们不仅在别人面前落下一个"没有主见"的印象,自己的个性也被深深压抑。

事实上,孩子是否有主见,跟妈妈的养育方式有很大关系。妈妈经常鼓励孩子有自己的想法,他们才能更有主见。

妈妈强势,孩子没想法

一个民主、温柔的妈妈,往往会有一个开朗、爱表达的孩子,一个强势、严厉的妈妈,往往有一个懦弱、不敢表达的孩子。

● 妈妈的控制让孩子没主见

强势妈妈爱包办孩子的事务,一方面她们认为孩子必须听自己的,另一方面她们又不相信孩子有能力做好自己的事。面对孩子的个人事务,她们要么强行干涉,要么给予否定。长此以往,孩子会觉得自己的想法不好，得不到妈妈的认同，或者觉得表达自己的想法没有用，不会得到允许，因而变得不再有想法。

● 妈妈严厉，孩子内心有不配得感

有的孩子在妈妈那里没有体会到关心和爱，他们会变得敏感、讨好，认为表达自己的想法和感受是自私的，内心有一种深深的"不配得感"。比如自己穿了一件喜欢的衣服，有人说颜色不太好看，他就再也不穿了。看上去好像是没有自己的主见，其实是因为他过分在意别人的评价，将自己真实的想法压抑在心底。

第二章　放手让爱更自由，给孩子成长的空间

妈妈越鼓励，孩子越有想法

孩子有自己的想法，说明他会独立思考、干脆果断、懂得自我选择。反之，没有自己想法的孩子，则表现得唯唯诺诺、犹豫不决、随波逐流。可见是否有主见，对个人成长至关重要。

1. 妈妈要允许孩子不听话。有的妈妈一遇到孩子"不听话"，就火冒三丈，没有耐心去倾听孩子的想法。事实上，孩子是很讲道理的，只要妈妈认真与孩子讨论，帮他分析利弊，孩子通常都会认真配合妈妈，做出正确的选择。这种经验多了，孩子就会认识到自己想要什么，明确自己的主见。

2. 让孩子成为他自己。孩子与妈妈是平等的个体。妈妈尊重孩子，就会对孩子的想法和行为给予理解，允许他在方方面面有自己的特点。孩子成为"他自己"，才更有信心在各方面表达出自己的诉求，从而才能越来越有主见，发展出自己的独立人格。

知识点

1. 民主的孩子更有主见。妈妈在与孩子相处中，应该尽量避免强势、严厉，以免使孩子内心有不配得感，不敢表达自己的想法。而应该温柔、民主，让孩子感到被认同，更敢于表达自己的想法，也就更有主见。

2. 允许孩子发展自我。妈妈遇到孩子不听话时，要冷静，耐心倾听孩子的想法。要尊重孩子的个性，允许他们表达自己的方方面面，发展自己的独立人格。

05 妈妈不大包大揽，孩子更自立自强

有的妈妈很困惑，自己尽心尽力照顾孩子，用心陪伴，什么都教给他，可是孩子却做事拖拉、学习不积极、人际交往退缩。妈妈不知道问题出在哪里。

琪琪读大学了，妈妈为了照顾她，也去她的城市找了份工作。琪琪虽然生活上离不开妈妈，内心却同妈妈有很大的隔阂。她认为自己之所以读这个不喜欢的专业，都是因为妈妈一手包办她的高考志愿所致。她也认为，从小到大，妈妈对她限制太多，小到穿什么衣服、用什么牙膏，大到读什么学校、选什么专业，都是由妈妈操办的，这造成她独立生活能力差，每天都生活在压抑和痛苦之中……

其实琪琪的痛苦，需要反思的是妈妈。孩子一直处在妈妈精心照顾下，没有机会去考虑自己需要做什么不需要做什么，哪里还有自己思考和成长的机会？妈妈全方位的"包办"，限制了孩子的个性，使他们的内心一直无法独立。

事事包办，"摧毁"了孩子的独立性

独立，不仅要求孩子在日常生活中有自理能力，更要求孩子能自我管理，自立自强。当今社会竞争压力越来越大，培养孩子的独立性，已然成为孩子们走向成熟、适应社会的紧迫任务。然而，一些妈妈对孩子事事包办，逐步"摧毁"了孩子的独立性。

● 过度包办，使孩子以自我为中心

妈妈对孩子的事情大包大揽，让孩子失去锻炼的机会，会导致孩子不愿意做原本该自己做的事。他们习惯了妈妈的付出，自身责任感缺失，处处以自我为中心，当妈妈稍微不能满足他的要求时，就会情绪崩溃。

● 过度包办，使孩子无法脱离对父母的依赖

妈妈长久的包办，会让孩子认为自己无法独立完成任务。长期依附于妈妈，形成一种依赖心理。即使孩子长大后，也难以摆脱这种惯性依赖。

● 过度包办，使孩子自身能力缺失

妈妈过多介入和干预孩子的事情，使孩子探索的欲望和解决问题的动力都被大大压制，还会使孩子不知该如何恰当表达自己的情感，造成孩子自身能力的缺失。

妈妈怎样培养孩子的独立性

认识到过度包办的危害，妈妈就应该积极采取措施，逐步放手，培养孩子的独立性。与孩子一起，走出一条既不放纵又不窒息的养育之路。

> 1. 适当拒绝孩子，不有求必应。大包大揽的妈妈习惯为孩子解决一切问题，对孩子有求必应。但养育是有原则的，妈妈一定要学会拒绝孩子的无理要求。只有这样，孩子才能思考独立的意义。当然，妈妈在拒绝时，要共情孩子的感受，不能粗暴。
>
> 2. 妈妈要学会由"做"转为"教"。妈妈要慢慢将自己大包大揽的事情，由小到大，由简单到复杂，一点点让孩子尝试去做。这就意味着妈妈要将原本直接的"做"转变为间接的"教"。"授人以鱼，不如授人以渔"。

知识点

1. 培养孩子的独立性。妈妈不能包办孩子的所有事情，使他们失去锻炼的机会。而是要培养他们的自理能力，使他们遇到困难时能有解决办法，不与妈妈共生，成为独立的个体。

2. 适当拒绝。大包大揽会让孩子对妈妈形成依赖，当妈妈不能满足孩子的要求时，可能会造成孩子情绪失控。因此，妈妈要尽早学会适当拒绝孩子，让他们学会独立思考、做事。

3. 授人以鱼，不如授人以渔。妈妈与其大包大揽，替孩子安排好一切，不如教会他们自己去获取的能力，这样孩子才能自立自强，赢得自己的人生。

06 信任孩子的能力，让他们勇敢探索

喜欢思考、乐于探索是孩子与生俱来的天性。每一个健康成长的孩子，都本应怀有强烈的求知欲和探索精神。这种内在的驱动力促使他们不断尝试，无惧困难，直至寻得答案。

公园里，一位妈妈带着五六岁的小男孩儿在画画。妈妈指着男孩儿画的太阳说："太阳怎么能是六边形的？"男孩儿说："我画的是冰河时代的太阳，那时的太阳就是这样的。"妈妈发起火来："我带你来画画，就是让你好好画的，怎么可以这样乱来，赶紧照着这张画，不能自己乱来。"孩子说："妈妈，我不想照着画，我想按自己的想法画。"妈妈说："不行，你哪会自己画，赶紧照着重画一张。"小男孩儿在妈妈的怒吼中流下了委屈的眼泪。

在这个案例中，妈妈对孩子的能力缺乏信任，更是压制了他的想象力，只允许孩子在限定范围内按要求去做，严重损害了孩子的探索欲望。

信任能激励孩子勇于探索

如果妈妈总是担心孩子不会做，做不好，指导孩子做事，就会抑制孩子的内在动力，阻碍他们对事物的尝试和探索。如果妈妈信任孩子的能力，在安全范围内允许他多探索、尝试，那么孩子的各项能力都会得到锻炼和提高，有利于他们的成长。

● 信任孩子，让他们在探索中感知幸福

孩子是独立的个体，他们对世界充满了好奇和探索的欲望。妈妈要保护孩子的探索欲，信任他们的能力，让孩子在探索实践中去学习、去体会、去深入地了解世界，这是他们感知幸福的重要途径。因为在探索的过程中，孩子能够自主地发现问题、解决问题，并且探索可以开阔孩子的视野，这种成就感和满足感会让他们感受到幸福。

● 信任孩子，让他们通过探索释放潜能

妈妈在养育中，给予孩子足够的自由和信任，允许他们在探索中犯错并从中汲取经验，这是培养孩子独立思考，激发孩子潜能的有效途径。孩子探索的过程中，挫折与失败在所难免，只要妈妈相信孩子的能力，他们就会吸取教训，持续成长。也必然在这种实践中得到锻炼，充分发挥出自身潜力。

第二章　放手让爱更自由，给孩子成长的空间

怎样培养孩子勇敢探索

勇敢探索是孩子成长过程中不可或缺的旅程，是他们克服困难、实现自我超越的重要契机。给予孩子自由探索的空间，是妈妈送给孩子成长的珍贵礼物。以下是培养孩子探索能力的小建议。

1. 相信孩子有自我纠错的能力。在孩子的探索过程中，犯错是不可避免的。妈妈要敢于让孩子经历错误，相信这些错误是他们学习与成长的契机，相信他们具备自我修正的能力。在错误中，孩子不仅能够学会承担责任、锻炼解决问题的能力，更能从中汲取宝贵经验，激发出更强烈的探索欲望。

2. 给孩子创造探索的机会和环境。妈妈要为孩子创造探索的机会和条件。在心理方面，妈妈要让孩子知道，无论面临什么困难，都会给予他们支持；在客观环境方面，妈妈要确保孩子所处的空间是安全且适合探索的，同时，妈妈要教孩子了解探索的危险和风险。

知识点

1. 信任使孩子在探索中成长。孩子的天性中蕴藏着探索的欲望，妈妈要相信孩子的能力，放手让他们在探索中感知幸福，释放潜能，实现自身的成长。

2. 培养孩子探索的能力。在培养孩子勇敢探索的过程中，妈妈要相信孩子有纠错能力，接受孩子犯错，同时要给孩子的探索创造心理和物理环境。

第三章　和孩子平起平坐，才能真正沟通

01 先做朋友，再谈教育

朋友是能平等沟通、互相理解的关系。在家庭中，妈妈与孩子的顺畅沟通特别重要。要想实现这一点，最好的方法便是与孩子成为朋友。妈妈和孩子之间用朋友的方式去交流，孩子更愿意向妈妈倾诉，妈妈也自然会更认真倾听。

李女士就把女儿美美当作朋友。在饭桌上，美美总会兴奋地分享学校的趣事，和妈妈讨论如何处理各种问题。这让李女士对美美的班级和同学有了深入的了解，二人交流就更方便了。有时，李女士也会向美美倾诉自己的烦恼，美美也能给出中肯的建议："就这么点儿事，打个电话，直接说，别怕。"奇妙的是，很多时候，听从美美的建议后，李女士的问题都会轻松解决。

在这个家庭中，李女士和美美不仅是母女，更是彼此理解、共同成长的朋友，她们也因此收获了无数温馨的时刻。先做朋友，再谈教育，是亲子关系中最美好的事情。

朋友是最好的亲子关系

生活中，妈妈的教育理念决定了亲子关系的不同，但最好的亲子关系是朋友型。

● 孩子内心需要被平等对待

每个孩子都有自尊需求，渴望获得平等的对待。只有在平等的关

系中，孩子才能感受到被尊重，从而意识到自己的价值，逐渐培养出自信心。孩子自信了，就能更坦诚地同妈妈沟通，理解妈妈的想法，接受妈妈的观点。妈妈和孩子之间才不会存在隔阂，感情的自然流动中可以发展出朋友的关系。

● 用朋友的视角看孩子会有新发现

妈妈是孩子的朋友，就会用更平等的视角去观察对待孩子。从孩子的视角，妈妈可以知道"这件事是我们俩的秘密""这个游戏很有趣，先玩一次再写作业心情都变好了"。从孩子的视角，妈妈会认真聆听孩子的心声，减少与孩子的分歧。用朋友的视角看孩子，妈妈会得到意想不到的新发现。

与孩子成为朋友的小技巧

与孩子成为朋友无须刻意,只要在日常沟通中注意方式,就可以拉近跟孩子的距离。妈妈可以试着用几个小技巧。

1. 选择权留给孩子,不把自己的意志强加给孩子。在沟通中,妈妈不要把自己的想法和目标强加给孩子。妈妈希望孩子努力一点,考100分,孩子认为自己考95分就够了。这是孩子自己的选择,听他的。下次他发现考100分可以换一个更好的礼物,就会努力去考100分了。自己内心的选择,才是努力的动力。

2. 创造向孩子学习的机会。现在的孩子,有些方面比妈妈的知识丰富很多。比如他们更了解奥特曼、迪士尼公主,甚至航天知识、电子产品知识。谈论到这些话题时,妈妈可以向孩子虚心请教,孩子一定会一遍又一遍地给妈妈讲解,比妈妈辅导自己作业时耐心多了。多几次这样的交流,妈妈会反思自己对孩子的方式,孩子也会因为帮助了妈妈而骄傲,亲子关系自然就被拉近了。

知识点

1. 成为朋友,亲子教育容易得多。成为朋友,妈妈与孩子的关系就变成了一起成长,而不是彼此束缚。先做朋友,再谈教育,很多教育问题便会迎刃而解。

2. 成为朋友,有技巧可循。成为朋友,无须刻意,但也可以有方法。比如妈妈要尊重孩子的选择,还可以懂得示弱,在孩子面前虚心请教,适当依靠孩子。

02 尊重孩子，不扣帽子

妈妈给孩子乱扣帽子的行为，在生活中并不少见。活泼的孩子是"淘气"，内向的孩子是"害羞"，喜欢学习是"书呆子"。或许妈妈这么做并无恶意，只是希望别人也能识别出孩子的"特质"。但实际上，妈妈给孩子扣上的这些帽子，不知不觉中，给他们的人生设了限。

兰兰小时候运动能力有点差，妈妈几乎跟所有人说她"跑不过十米就得停下"，并且直接叫她"小十米"。上学后，尽管兰兰体态轻盈，双腿修长，但她跑步成绩却很差。并且，她跑一会儿就觉得喘不上气，一定得停下来。后来在心理干预下，兰兰不仅解除了这个困扰，还成为"跑步健将"。

兰兰的事告诉我们：妈妈无意中扣在孩子身上的帽子，有时会像魔咒一样，限制孩子的人生。

乱扣帽子，限制孩子成长

当一个人被外界用某些词汇分类，贴上一个标签时，他就很容易做出"自我印象管理"，使自我认同和行为与所贴标签的内容一致。比如，妈妈对孩子说"你就是太任性了"，孩子就会受到妈妈的影响，认为自己就是任性的。所以，扣帽子会限制孩子的成长。

● 乱扣帽子的危害

（1）妈妈加在孩子身上的很多标签是负面的，比如"胆小鬼"，这些标签会在孩子心中播下自卑的种子。（2）孩子的成长需要自由探索和尝试，如果妈妈给孩子贴个标签，比如说"你是小胖墩"，孩子可能因为觉得自己胖，而不敢跳舞，从而失去尝试新事物的机会。

（3）妈妈习惯给孩子贴标签，孩子也会学妈妈给他人贴标签。例如："丽丽是个娇气包，不能跟她玩。"这种思维模式陪伴孩子长大，会影响到他的价值观。

● 扣帽子是不尊重

妈妈如果对孩子不够尊重，就会产生乱扣帽子的行为。一些妈妈总是用成人的眼光看孩子，当孩子出现她理解不了的行为时，就用自己的认知去评价，给孩子扣上一顶帽子。也有的妈妈会为了撇清责任给孩子扣帽子。比如孩子没同别人打招呼，妈妈感到没面子，就说："她就是没礼貌的孩子。"以此来撇清自己的责任。

第三章　和孩子平起平坐，才能真正沟通

如何避免给孩子扣帽子

妈妈在生活中，应尽可能与孩子共情，接纳孩子的感受，多进行换位思考，对孩子进行评价时客观谨慎，尽可能避免给孩子扣帽子。

1. 描述客观事实而不评价。不管是正面还是负面的事实，都应描述事实本身，而不过多评价。比如说"你没有收玩具"，而不说"你真懒"。

2. 专注于行为而非特质。妈妈要关注孩子的行为，而不过多对他的性格或能力去评价。例如：孩子不顾及经济状况，要买一件不必要物品。妈妈可以说："我有了别的预算，并且那件事更重要。"而不说："你真是个自私的孩子。"

3. 话多想一想再说。很多时候妈妈无意识中就给孩子贴上个标签。尤其是孩子犯错时，情绪上来，什么话都说出口了。所以，妈妈在有情绪时，先给自己十秒钟冷静一下，想想话怎么说，不要口不择言。

知识点

1. 避免乱扣帽子的危害。给孩子乱扣帽子会影响他们的自我认知，会限制孩子的探索能力，还可能影响他们的思维模式与价值观。妈妈应避免给孩子乱扣帽子。

2. 冷静而客观地关注事实。妈妈应尽量描述客观事实而少评价，专注于孩子的行为而非性格，情绪激动时先冷静思考。这样做可以避免自己乱扣帽子的行为。

03 不轻慢孩子，不做专制妈妈

爱最基本的前提是尊重，妈妈爱孩子，就要尊重孩子。然而现实中有的妈妈却以爱为名，对孩子进行独裁式的控制。这种"爱"导致孩子感到压抑与无助。他们被迫遵循母亲的期待，失去了自我表达与探索的机会，逐渐形成了对成就的恐惧和对失败的焦虑。真正的爱应以尊重为基础，理解孩子的独特性和个体需求，而不是将自己的期望强加于他们。

小潘已经12岁，妈妈一直将他视为珍宝，过度保护他，生怕他受伤或生病。每天，她坚持让他吃两个鸡蛋，早晨吃一个，放学后吃一个。有一天，他实在不想吃，便偷偷把鸡蛋吐了。没想到，妈妈还是发现了，悲伤地指责他，诉说自己为了他付出的心血。小潘在她的指责中感到无比自责，情绪失控，呕吐不止。此后，他一见到鸡蛋或含有鸡蛋的食物就会感到恶心，生活受到严重影响，经过长时间的心理治疗才逐渐缓解。

案例中的小潘，在妈妈全流程的压制监督下，活得压抑、不快乐、没有尊严，直到出现应激反应，产生心理问题。妈妈自以为将他"视若珍宝"的爱，恰恰成为对他最大的伤害。真正的母爱，是不轻慢孩子，不做专制妈妈。

专制的爱，限制孩子的成长

● 没有尊重的爱限制了孩子的成长

第三章 和孩子平起平坐，才能真正沟通

专制型妈妈对孩子制订绝对标准，强硬要求孩子遵守。在这个过程中，她们并不考虑孩子的意见或感受，对孩子的反馈往往很冷漠。她们与孩子的沟通是单向的。孩子在这种环境下，感受不到尊重，体会不到尊严，成长受到很大限制。

● 识别专制的爱

专制的爱有如下这些：（1）包办孩子的一切。妈妈对孩子的大小事务大包大揽。（2）"全流程"监督孩子。妈妈对孩子的日常生活进行精细化管理，要求孩子事事有结果、有汇报。（3）禁止孩子有隐私。妈妈不允许孩子有自己的秘密，希望孩子足够"透明"，这样才能将孩子的一切牢牢掌控在手中。

静下心来当妈妈

尊重孩子，妈妈应该怎么做

尊重孩子的妈妈，跟专制妈妈不一样，虽然同样以孩子为中心，但她们从不轻慢孩子，她们的爱让孩子感到自由、舒畅。

1. 接受孩子本来的样子。每个孩子都有自己本来的样子，大家各不相同。爱孩子，就要接纳孩子本来的样子，让他顺应自己的天性去成长，而不是按照妈妈的意愿去成长。只有妈妈完全接纳，孩子才能感到安全，才能更有动力去探索生命。

2. 尊重孩子的选择。妈妈要给孩子选择的权利。其实孩子的选择，往往是出于天性和爱好，是最有利于他自己的选择。妈妈要尊重、支持他们的决定，这样孩子才会增加信心，为自己的选择努力，从而取得成就。

知识点

1. 给孩子以尊重。爱最基本的前提是尊重。真正爱孩子的妈妈，从不轻慢孩子，她们尊重孩子的想法和行为，给他们规则内的自由。而专制的妈妈，却包办孩子的一切，全流程监督孩子，不允许孩子有隐私。专制的爱，是孩子的枷锁。

2. 区分专制和尊重。两种不同的爱各有特点，妈妈在生活中要用心识别，不让专制的爱伤害到孩子，不要把对孩子过分的控制当成爱，要尊重孩子的选择，接受孩子本身的样子，用真正的爱滋养孩子。

04 平起平坐，和孩子不分高低

在与孩子的相处中，过度的溺爱与严厉的管教，都可能对孩子的成长产生负面影响。因此，妈妈需要学会以平等的姿态与孩子沟通，尊重他们的独立性与个性。通过与孩子平起平坐，来建立起互相信任的关系。

小芸性格内向，不爱说话，常常在别人询问时紧闭双唇，目光躲闪。妈妈对此感到焦虑，决定咨询心理医生。在第一次见面时，医生注意到小芸很依赖妈妈，妈妈对小芸也表现出过度宠溺，比如当小芸伸手去撕绿植的叶子时，妈妈并没有制止。

随着咨询的深入，医生发现，妈妈的教养方式常常是先溺爱，再因小芸的沉默而失控地斥责，之后又因自己的情绪失控感到内疚，继续宠溺。这样的恶性循环，使小芸越来越缺乏自信，变得更加胆怯。

现实中，虽然很少有小芸和妈妈这样极端的个例，但是很多妈妈在对待孩子时，也常常把握不好宠爱和责骂的尺度。究其原因，其实是妈妈没有在思想上做到尊重孩子，与孩子"平起平坐"。

平等是融洽亲子关系的基础

亲子关系本来就应该是平等、互相尊重的。不能因为是妈妈，就高孩子一等，也不能因为是妈妈，就要无条件为孩子做牛做马。

● 妈妈要有与孩子平等的意识

周国平曾说："中国的家长很可怜，一面是孩子的主子、上司，另一面是孩子的奴仆、下属，始终找不到和孩子平等相处的位置。"要改变这种情况，妈妈首先要有"与孩子平等"的意识。作为独立个体，妈妈和孩子各自有相应的责任和义务，双方是互相尊重、平等的关系。孩子不需要事事都处于妈妈的掌控之下，妈妈也不需要对孩子事事操心。

● "平起平坐"使亲子沟通更顺畅

妈妈与孩子平起平坐，双方间的沟通和交流就是平等双向的，妈妈爱倾听，孩子爱表达。亲子之间在平等的基础上互相了解，才更容易明白彼此的目标，从而达成一致目标，一起努力。

第三章　和孩子平起平坐，才能真正沟通

与孩子平起平坐，需要怎么做

与孩子平起平坐，既不是每次都得听妈妈的，也不是每次都得顺着孩子。亲子关系中的平等，是互相包容、互相理解的平等。可以试着用以下的方法来实现。

1. 妈妈和孩子共享目标和经历。比如妈妈可以和孩子制订一起运动的计划。在这个共享经历中，妈妈和孩子目标量可以不同，但双方"达成就奖励，未达成要惩罚"的规则是一样的。双方互相监督，一起克服困难，一起分享成功的喜悦，在经历中体会"平起平坐"。

2. 让孩子参与到家庭事务中。妈妈应尽可能让孩子参与到家庭的大小事务中。这既是对孩子能力的认可和信任，也会让他们感受到被需求，提升价值感。孩子感受到被尊重，这是"平起平坐"的第一步。

知识点

1. 树立与孩子平等的意识。妈妈与孩子作为独立的个体，双方是互相尊重、平等的关系。孩子不需要处于妈妈的掌控之下，妈妈也不需要对孩子"言听计从"。

2. "平起平坐"的做法。亲子关系中的平等，是交流过程、规则逻辑上的平等。妈妈可以通过与孩子共享目标和经历、让孩子多参与家庭事务等方法来实践。

05 妈妈也要学会向孩子认错

每位妈妈都曾这样告诉孩子："每个人都会犯错，犯错后勇于承认和改正就是好孩子。"妈妈们教育孩子从小就要养成诚实、勇敢、知错就改的好品质。日常生活中，不仅孩子会犯错，妈妈也会犯错。

天天跟妈妈去游玩，妈妈想起自己没有吃药，想吃时恰好没有水了。就这么一瞬间，天天突然撒腿就跑，冲进人群。妈妈没有追上，吓出一身冷汗。当经过波折，妈妈从工作人员手里领回天天时，她劈头盖脸臭骂天天贪玩。天天委屈得流下眼泪。这时妈妈才看到他手里紧紧抓着一瓶水，原来天天是急着给妈妈买水去了。妈妈意识到自己说天天贪玩错了，当即给天天道了歉。

现实生活中，并非所有妈妈都能如天天妈妈般坦诚道歉。她们在犯错后，常因顾及自己的面子或担心在孩子面前失去威严，不愿意向孩子表达歉意。这不仅让孩子感到委屈，也给孩子做了一个坏榜样。事实上，学会向孩子认错，是每位妈妈的必修课。

向孩子道歉的重要性

妈妈面对孩子也会犯错。有时错怪了孩子，有时情绪冲动对孩子过于严厉，有时自己的行为给孩子带来麻烦……这时候，孩子或多或少会受到伤害，妈妈及时、诚恳地道歉非常必要。

● 妈妈会认错，孩子心态好

妈妈的道歉可以让孩子体会到被尊重和关爱，从而维护孩子的自尊心。孩子在接受道歉后，可以学会理解和原谅，养成宽容善良的品质。妈妈向孩子认错，为孩子树立了榜样，使他们学会担当。因此，妈妈向孩子道歉，不仅在情感上滋养了孩子的心灵，更有助于他们形成积极的心态与价值观。

● 妈妈会认错，能增进亲子关系

妈妈真诚向孩子道歉时，孩子会感受到被理解，有助于排解负面情绪，更愿意与妈妈沟通。如果亲子关系出现裂痕，妈妈的道歉会让孩子看到妈妈的改变与进步，从而愿意化解矛盾，修复关系。因此，妈妈认错是建立信任的重要一步，可以使亲子关系得以加深。

向孩子道歉的正确方式

妈妈向孩子道歉，也讲究一定的艺术性。不合适的时机或方法，不仅于事无补，还可能给孩子造成更大的伤害。

1. 道歉需要"三注意"。首先注意态度要真诚，是发自内心地认识到自己的错误；其次注意道歉必须及时，这样才能使孩子感受到妈妈希望他减少伤害；最后要注意道歉不敷衍，不找客观原因。

2. 错误的道歉方式不可取。妈妈应该避免以下这些道歉方式：

（1）回避问题式。比如妈妈错怪了孩子，孩子将自己关在房间，妈妈主动去敲门："出来看电视，演你喜欢的节目了。"妈妈的本意是示好，但在孩子眼里，却是妈妈不愿意认错。（2）推卸责任式。小勇妈妈答应给他买一只小狗，但是又反悔了，小勇伤心地哭了。妈妈说："我之前不知道爸爸狗毛过敏，这可怪不得我。"这样的话是推卸自己失言和没有与爸爸沟通的责任，丝毫起不到道歉的作用。（3）敷衍式。妈妈没有经过同意把丽丽的玩具扔了，丽丽很生气。妈妈说："好了好了，是我错了总行了吧。"这种认错既敷衍又不真诚，减少不了对丽丽的伤害。

知识点

1. 向孩子道歉很必要。妈妈犯错后向孩子道歉，不仅可以减少对孩子造成的伤害，也会促进妈妈自身的成长。

2. 注意道歉方式。妈妈向孩子道歉，态度要真诚、要及时，不能找客观原因。回避问题式、推卸责任式、敷衍式的道歉方式都需要避免。

06 倾听孩子的声音，建立双向沟通

孩子每天的成长中，都会遇到很多事，他们需要表达出自己的想法，也渴望与人交流，分享自己的感受。作为妈妈，应该倾听孩子的心声，构建与孩子坦诚交流的渠道，引导孩子健康成长。

妈妈希望小明每天放学回家能马上写作业，不要磨蹭拖拉。妈妈也时常跟小明说，要合理安排时间，先写作业就不会拖到很晚，可以早睡早起。可小明对此置若罔闻，每天都拖拖拉拉，妈妈也就更加生气。这天，小明回家，妈妈没有说："快去写作业。"而是看着小明说："你想让妈妈对你说什么？"小明说："我想让妈妈说，你太累了，快来吃点水果休息一下。"妈妈就说："快来吃点水果休息下吧。"吃完水果，妈妈又问小明，想做什么。小明说："我想拥抱下妈妈。"妈妈说："快来，我们拥抱下。"接着，妈妈又问小明想听到妈妈说什么，小明说："我想让妈妈告诉我，该去写作业了。"于是，小明就回房间写作业了。

看似简单的问题，实则蕴藏着解决的智慧。其中的关键，就是妈妈询问孩子："你希望我怎么说？"这一简单的举动，使妈妈得以了解孩子内心的真实想法。由此可见，倾听孩子的心声并促成双向沟通，能够有效解决养育过程中诸多困扰。

倾听是亲子沟通的基础

顺畅的亲子沟通是建立良好亲子关系的基础。唯有在孩子感受到被尊重、自己的声音受到重视时，他们才会愿意与妈妈交流，从而加

深彼此之间的信任。倾听孩子的心声不仅能促进他们的成长，也对其发展产生积极的影响。

● 倾听，有利于建立和谐的亲子关系

倾听使妈妈能够更深入地理解孩子的需求与感受，从而更好地共情孩子的处境，进而给予其更多的信任与尊重。在这样的基础上，孩子更愿意向妈妈倾诉，而妈妈也能够提供积极的反馈与支持。和谐的亲子关系由此得以建立。

● 倾听，有助于了解孩子的情感变化

倾听是构建良好沟通关系的关键环节。通过倾听，妈妈能够敏锐地捕捉到孩子的情绪与感受，这不仅让孩子体验到被理解与尊重，也激发了他们愿意与母亲进行互动与交流的热情。倾听孩子的声音，为孩子创造更多表达自我的机会，可以有效疏导孩子的情绪。

第三章　和孩子平起平坐，才能真正沟通

怎样建立双向沟通

亲子双方交流的过程中，如果能认真倾听彼此，及时给予反馈和回应，就能互相增进感情，建立起顺畅的双向沟通渠道。

1. 充分耐心，创造交流环境。在倾听孩子讲话时，妈妈应当展现出充足的耐心，可以通过提问来确认是否理解了孩子的意思。在孩子表达时，应保持专注，不要分心做别的事情，也不要着急催促。妈妈可以先营造一个轻松舒适的氛围，让孩子愿意开口分享心声。

2. 积极回应，寻找共同语言。妈妈在与孩子交流时，要适时更新自己的沟通方式，努力寻找与孩子之间的共同语言。了解孩子的兴趣与爱好，对孩子的表达给予积极回应。在回应时，也需关注孩子的情绪与语气，切实理解他们内心的真实感受。

知识点

1. 倾听可以打开沟通之门。倾听是良好沟通的基础，妈妈通过认真倾听，可以关注孩子的需求，了解到孩子的情感变化，增进彼此间的信任和尊重，从而建立良好的亲子关系。

2. 建立双向沟通。在亲子交流中，妈妈要耐心倾听，创造轻松的交流环境，更新沟通方式，给以积极回应和反馈，以建立顺畅的双向沟通渠道。

第四章　用鼓励塑造孩子的自尊心

01 孩子做不好，妈妈的鼓励是力量

在教育孩子的过程中，有时妈妈会感到批评的效果不如预期，相反，适时的鼓励却总能让孩子心情愉悦、充满自信。鼓励并不是简单的赞美，而是一种积极的引导，它能够帮助孩子建立自信，培养勇气，促进心理健康。想象一下，当孩子在面对挑战和挫折时，耳边响起的是妈妈的鼓励声，将是多么大的温暖和支持。

学校要求孩子跳绳达到每分钟140次，可是豆豆只能跳60次。他觉得不可能达到老师的要求，急得哭起来。妈妈说："我相信每个孩子都能做到的。你刚学跳绳时，一分钟只能跳几次，现在能跳60次已经很了不起了。我们每天都比前一天多跳5次，这样坚持就可以了。"豆豆在妈妈的鼓励下每天坚持，结果不出一个月，就达到了老师的要求。

从这个小故事中我们看到，鼓励能让孩子振作起来，找到前行的方向，抵达成功的彼岸。

越鼓励，孩子越优秀

如果孩子出现问题或不足时，妈妈动不动就数落孩子，那么孩子可能会心情低落，失去信心。如果妈妈能用温和的方式引导，不断鼓励，孩子就会更加积极，越变越好。

● 被鼓励的孩子更阳光

第四章　用鼓励塑造孩子的自尊心

人生来就是渴望被鼓励和赞美的，孩子尤其如此。不论面对多么微小的进步，只要接收到妈妈鼓励的信号，孩子都会心情愉悦，并且会将被鼓励的行为不断强化，越来越自信。

● 鼓励可以激发孩子的无限潜能

如果妈妈总是对孩子说他在某件事上没有天赋，孩子的情绪肯定会受到影响，失去进步的动力，自身的潜能就会被压制。相反，如果妈妈充分鼓励孩子，相信他的能力，孩子便会情绪愉悦，更愿意竭尽全力把事情做好，产生进步的动力，从而展现出强大的潜力。

正确鼓励孩子的原则

● 看到孩子具体的行为而不是结果

妈妈要关注孩子的努力过程，肯定孩子的付出，而不是只表扬结果。结果受诸多因素影响，而努力是孩子自己的行为，依靠的是他自己的力量。妈妈鼓励孩子的行为，就是强化他的内在力量，引导其走

● 用语要具体，不要空洞

鼓励跟赞扬不太一样。赞扬时，妈妈常说"你真棒""表现不错"，这些语言是空泛的。鼓励的用语就要具体一些，比如说："你今天在舞台上开始有点紧张，但你微笑调整了呼吸，唱得也大声，越唱越自信。表现很棒，继续加油啊。"具体的表述，会让孩子更清楚自己被赞扬的地方，努力起来就更有方向。

鼓励的方法

1. 捕捉具体行为进行描述。当孩子做出值得鼓励的行为时，妈妈可以锁定细节描述出来。比如："我看到你跑来跑去帮老师收拾教具，真是热心肠。"这种描述，不仅有说明力，还能使孩子明白"被看到"的行为的价值。

2. 鼓励可以实现的小目标。当孩子面对挑战时，先将大目标分解成小目标，再鼓励孩子去实现一个个小目标。本节开篇豆豆跳绳的事例中，妈妈就巧妙地设置了孩子够得着的小目标，通过鼓励激发出孩子的信心和努力的决心，一步步达到实现大目标的效果。

知识点

1. 鼓励使孩子更优秀。鼓励是孩子内心深处的渴望和需求，妈妈的鼓励，会使孩子高兴，表现出阳光积极的一面；妈妈的鼓励，还会激发孩子的无限潜能。

2. 多针对具体鼓励。鼓励不是空泛的赞扬，要看到具体的行为而不是结果，用语也要具体，有针对性，不能空洞。

02 孩子自卑时，妈妈的肯定是良药

每位妈妈都希望能培养出自信的孩子，阳光开朗，落落大方，能积极面对生活中的挫折。但事实上，自卑是孩子成长过程中无法逃避的问题。自卑的孩子觉得自己不够好，在意别人的评价，心理脆弱。自卑会让人活得孤独、痛苦、消极。

小春来自一个单亲家庭，妈妈对她的关心无微不至。她也一直在做一个乖巧的孩子：承担家务、不乱花钱、在学校听话认真、不给妈妈惹麻烦。但小春内心却极度自卑。她认为自己没有什么特长，不敢参加任何活动；觉得自己没有漂亮的衣服、发饰，不配跟同学一起讨论这方面的话题；她没有朋友，很孤单。随着年龄越来越大，小春内心的痛苦也越来越深……

类似小春这种情况，在孩子中并不少见。究其原因，他们的自卑还是跟家庭有关。

孩子不自信，底层原因在家庭

妈妈作为孩子最亲密的养育者，对孩子性格是自卑还是自信，起着至关重要的影响。

● 妈妈爱比较，孩子容易自卑

很多妈妈在生活中，会有意无意拿孩子跟别人做比较。学习、特长、是否听话、在老师眼中的地位等，都拿来对比。当觉得自己孩子落下风时，就给孩子灌输要赶超的思想。但孩子能力有限，遇到力不

能及的目标，便会受挫。屡屡受挫，孩子脑海中便刻入"我比不上别人"的念头，生成自卑心理。

● 妈妈评价低，孩子爱自卑

妈妈在孩子心中分量最重，她们对孩子的评价，深深影响孩子的自我认知。如果妈妈对孩子期望较高，孩子达不到时，妈妈便会给他一些负面评价。时间久了，孩子就感到困惑："为什么妈妈总觉得我不够好？""我都尽力了，妈妈还是不满意，看来我就是不行。"困惑多了，孩子就会否定自己，变得越来越自卑。

妈妈的肯定是疗愈自卑的良药

孩子最容易透过妈妈的眼睛来寻找自己的样子，妈妈高兴了，他就觉得自己做得好；妈妈不高兴，就认为是自己的原因。作为妈妈，要先学会相信孩子、欣赏孩子、肯定孩子，只有这样，孩子才会走出自卑的阴霾，越来越阳光。

第四章 用鼓励塑造孩子的自尊心

1. 给予孩子无条件的爱和认同。妈妈对孩子的爱毋庸置疑，但是在孩子的感受中，有时妈妈的爱附加了一定的条件，仿佛自己达到妈妈的要求时，才会得到妈妈的笑脸和认可。为了避免给孩子这种感受，妈妈要发自内心地接纳孩子，不拿他去比较，不粗暴否定他。只有让孩子体会到无条件的爱，全然地接纳，他才有底气展示真实的自己，树立起自信。

2. 妈妈的肯定是世上最美的语言。如果孩子陷于自卑的痛苦，最期待的，就是妈妈温情的肯定和鼓励。孩子不敢尝试时，妈妈可以告诉他无论成败，都是在学习中成长；孩子做砸了一件事，妈妈要接受这个结果，带着孩子去分析解决；孩子无法面对自身的缺陷，妈妈要指引孩子辩证看待自身情况和外部评价，引导孩子将注意力转移到自己感兴趣的事情上。

知识点

1. 不比较，不打击，不使孩子陷入自卑。妈妈爱拿孩子比较、对孩子提出过高要求、对孩子评价过低，都会使孩子自我认同感低，形成自卑的心理。因此，妈妈要避免以上做法。

2. 用肯定疗愈孩子的自卑。妈妈的肯定和鼓励，是疗愈孩子自卑的良药。妈妈要给予孩子无条件的爱和认同，让孩子有安全感，有底气展示真实的自己，走出自卑的阴影。

03 找到孩子的闪光点，点燃成长的希望

每个人都有优缺点，没有十全十美的人。同样，也没有一无所长、一无是处的孩子。每个孩子都有自己的长处，孩子总是在这方面差点，在另一方面就要强点。妈妈的责任，就是要发现并发掘孩子的闪光点，及时给予肯定和赞扬，点燃他们成长的希望。

城城的学习成绩一直不理想，但妈妈并没有过多责备他。她发现城城有许多优点，比如热心助人、爱劳动和强大的生活自理能力。一次，班上同学扭伤了脚，城城主动背他上下楼，照顾了他一个月。在家里，城城也主动承担家务，妈妈总说："城城，你真是帮了我大忙。"由于人缘好，许多成绩优秀的同学愿意和城城一起学习，逐渐地，他的成绩提高到了中等水平。虽然最后城城没有考上重点大学，进入了普通院校，但他凭借出色的人品和能力，受到老师和同学的广泛赞誉。毕业时，他被推荐，得到了一份不错的工作。城城一直觉得自己很幸运，也一直很自信。正是这份自信，让他的人生道路走得快乐而顺利。

从城城的经历中我们看到，妈妈善于发现孩子的闪光点，孩子的生活也不会差。

发现闪光点，给孩子提供成长动力

只要用心，妈妈就会不断从孩子身上看到闪光之处，妈妈的看见，会让孩子的闪光发扬光大，成为其前进的力量。

第四章　用鼓励塑造孩子的自尊心

● 闪光点，点亮孩子的自信之光

闪光点是孩子自信的源泉。妈妈通过细心观察，就可以发现孩子的优点，发掘出孩子的才能和潜力。妈妈及时引导孩子将这些才能和潜力发扬光大，孩子便可以更加闪光。由此，孩子的自信心便得到增强。

● 闪光点，使孩子完善自我认知

妈妈要用欣赏的眼光观察自己的孩子，即使孩子很平凡，也可以找到他的闪光之处。妈妈们可以引导孩子了解自己的兴趣和优点，鼓励他们挑战自己的优势和潜力。经过这样的努力，孩子也能更好地认识自己，完善自我认知。

发掘闪光点，点亮未来之路

每个孩子都是独一无二的个体，生活中，妈妈应该带着智慧和爱心，细心观察孩子的言行举止，留意细节，从中找到他们隐藏着的闪光之处。

1. 看到"不完美中的美好"。妈妈要学会接纳真实的孩子，看到孩子"不完美中的美好"。传统教育中，妈妈喜欢找到孩子的不足，不断提醒，督促孩子进步。似乎这样，孩子就能改掉缺点，变得完美了。事实上，过于关注孩子的不足，会让孩子感到沮丧。妈妈要发掘孩子的优点，并且放大去看，这样，看到的不再是一个"不完美的孩子"，而是一个独特的孩子。

2. 看到进步中的孩子。孩子都是在不停成长、不断变化的。妈妈要用发展的眼光看待孩子。孩子这里不好，那里一定很好，昨天不好，今天一定比昨天强。让孩子跟自己比，跟自己的昨天比，而不是去跟别的孩子比。一点点地进步，会汇聚成孩子的闪光点，最后发展成孩子的优点。

知识点

1. 看到孩子的闪光点。每个孩子都有自己的闪光之处，妈妈的责任就是找到孩子的闪光点，并让它们发扬光大，成为孩子的优点。

2. 用爱去观察孩子。妈妈要带着爱，细心观察孩子的言行举止，留意他们的细节，看到他们"不完美中的美好"，看到他们的进步。将孩子身上的闪光点，发展成孩子成长中的希望之光。

04 保护孩子求知欲，鼓励他问"为什么"

在生活中，妈妈经常要应对孩子的提问，特别是12岁以下的孩子，对很多事都要问几个"为什么"。这是因为，孩子对世界充满了好奇和兴趣，充满了求知的欲望。

小强在学校表现还不错，但就是学习上遇到问题时，从不去找老师同学请教，课堂上他也从来不会主动提出问题，所以学习成绩一直平平。考试时，死记硬背的知识能掌握得很好，但是稍微难一点需要思考的题目就答不上来。这种情况让妈妈很揪心。

小强的表现是一种缺乏求知欲的典型情况。也可以说，小强缺乏对世界的好奇心和兴趣。小强的求知欲很可能是在小时候遭到了破坏，没有被保护好，所以才在学习生活中表现出求知欲不强。

保护求知欲，妈妈的态度很重要

求知欲在孩子成长中起到了不可忽视的作用，孩子在求知欲的引领下，会不停地探索和发现未知的世界。那么，怎么来保护孩子的求知欲呢？

● 妈妈回答孩子问题时不能敷衍

如果孩子在提出诸多"为什么"时，妈妈态度敷衍甚至嫌弃，孩子的求知欲就会受到打击，再问"为什么"的积极性就打了折扣，严重的，就不敢再问了。所以，不管是因为忙还是不懂，妈妈在对待孩子的"为什么"时，态度都要端正，要保持足够的耐心。遇到不会回答的问题，可以使用工具（比如上网查询、请教他人），与孩子一起探索答案。这样，不仅使孩子的求知欲得到满足，还让他们学到了解决问题的方法，激发了他们继续提问的欲望，提问就变成了一件快乐的事。

● 妈妈既要保持平常心，眼光又要长远

其实，妈妈们要接受一个现实：大多数人的孩子只能是"普通人"。所以，妈妈不能仅顾及眼前利益，比如孩子语文成绩不好，就让他拼命刷题，不许他进行其他方面的知识探求。刷题固然能使成绩一时提高，但阅读课外书，多读名著，多看文化纪录片，才更能提升孩子的文学修养。保护孩子的求知欲和好奇心，妈妈要多启发孩子的思维，寻求不同的途径，将眼光放长远，这样孩子才能走得更高更远。

第四章　用鼓励塑造孩子的自尊心

鼓励孩子多问"为什么"

提问题是孩子探究世界的起点。如果一个孩子喜欢打破砂锅问到底,妈妈不要觉得厌烦,而是要鼓励他多问几个"为什么"。

1. 引导孩子多提问。有的孩子会主动问"为什么",而有的孩子并不喜欢提问。不喜欢提问的孩子,不一定是因为他不愿意思考,妈妈要找到原因。如果是因为胆小,妈妈要在他发问时多鼓励,不管多简单的问题,都要表扬他;如果孩子缺乏提问的动力,妈妈要调动他的兴趣,比如说:"这个问题妈妈没有想到,你能想到真是了不起,我们一起上网查一下。"

2. 鼓励孩子质疑一切。爱因斯坦说"提出一个问题,往往比解决一个问题更重要。"意思是在生活中要有质疑精神,善于发现问题,提出疑问。当孩子质疑时,妈妈要认真聆听孩子的想法,不要用权威、定论去轻易否定孩子,而是鼓励他探索自己的想法,支持他探索路上的行动。

知识点

1. 耐心对待孩子的"为什么"。妈妈在面对孩子的求知欲时,不能敷衍,要有耐心。要认真解答孩子的提问,与他们一起寻找问题的答案,保护孩子的未知欲。

2. 引导孩子探索未知。鼓励孩子多问"为什么",引导他们提问,允许孩子质疑一切,鼓励孩子的探索行为。

05 间接表扬，孩子更愿意进步

妈妈们都知道，表扬孩子，能增强孩子的自信心。一个孩子，只有越自信，才能越快乐。那么，怎样表扬才更好呢，有一个方法能起到事半功倍的效果，这就是间接表扬。

小虎的作文写得一向让老师和妈妈头疼。妈妈教给他很多方法，每当小虎在某方面做得好一点，妈妈都鼓励表扬他，但收效甚微。一天，在外婆家做客，小虎在房间听到外公问妈妈："小虎的老大难问题好了一点没有？"小虎正担心妈妈的回答让自己丢面子，却听到妈妈说："我正想表扬他呢，最近课外书看得多，尝试用表达技巧，书写也更有耐心，进步可大了。"小虎听了，既兴奋又有点不好意思，从此更加用心，作文水平果然提高了。

这个小例子中，小虎妈妈就对小虎进行了间接表扬。不直接表扬他，却能让他知道被表扬了。间接表扬是一种高级的表扬技巧，会让孩子在听到赞扬时感到更高兴，使他收获更大的鼓励，从而增强自信。

间接表扬的方式

间接表扬能起到更好的激励效果，常见的方式有下面几种：

● 转述其他人的表扬

比如妈妈想表扬孩子最近学习认真，可以借用他人之口。妈妈对孩子说："我今天遇到了王老师，她跟我说你最近上课听讲很专心，遇到问题会思考。"孩子听了，会更加开心。

● 妈妈向他人表扬孩子

本节开头的事例中，小虎妈妈就是向其他人表扬小虎。小虎在房间里听到妈妈的话，心里暖融融的，更想向妈妈表扬的方向去做。

● 妈妈当面表扬，却用间接的方式

比如妈妈对孩子说："妈妈今天回家时，你已经自己完成了全部作业。这件事爸爸知道了，他会怎么说呢？"妈妈想夸孩子，却自己不夸，让孩子期待爸爸的夸赞。孩子会觉得他的行为很重要，值得更多人知道。

● 试着用问题表扬

用问题表扬也是一个好办法。妈妈不必直接夸赞孩子的行为，而是对他的成果表示出兴趣，通过提问的方式，让孩子自己讲一讲，使他们意识到自己哪里做得好。比如妈妈这样说："这么多人从这个垃圾旁边走过，都没做什么，只有你把垃圾捡起来扔进了垃圾桶，你是怎么想的呀？"妈妈对隐藏在孩子行为背后的想法表现出兴趣，让孩子内心更为自己骄傲。

间接表扬，收获惊喜

以上这些间接表扬的方法，都会起到翻倍的效果，原因是以下两方面：

> 1. 间接表扬让孩子感觉更真诚。很多情况下，妈妈转述别人的赞美给孩子，或者孩子"不经意间"听到妈妈对别人表扬自己，孩子往往会感觉更真实，也因此更加骄傲和高兴。
>
> 2. 间接表扬常常更客观。间接表扬，借助了第三者的视角，使表扬看上去更加客观，孩子更容易接受。

知识点

1. 认识间接表扬的作用。间接表扬会使孩子认为，他得到的表扬更真诚，更客观。他更愿意相信和接受这种表扬，从而使表扬的激励效果也更强大和持久。

2. 学会间接表扬的方式。间接表扬可以是转述其他人的表扬、向其他人表扬孩子、用间接的方式当面表扬、用提问题的方式进行表扬等。间接表扬方法很多，妈妈可以在实践中摸索。

06 当众批评，使孩子失去尊严

在孩子成长过程中，妈妈对孩子进行批评时，选择什么样的方式，不仅关系到教育效果，也对孩子的身心发展，产生着至关重要的影响。批评孩子，既要考虑到具体事件和孩子的个性，又要顾及孩子的尊严。

在一个餐厅，一位妈妈在批评孩子，孩子上兴趣班迟到了，刚刚又把饮料洒到了桌子上。妈妈声音很大："一早我就知道你老毛病又犯了，你看看这一天，到底要惹多少事出来？"妈妈拉长了脸，瞪着孩子，不停地碎碎念。孩子似乎习惯了妈妈的批评，深深埋起头吃东西，一声不吭，看上去，让人十分心疼。

实际上，我们常常在路边、商场等不同场合，看到妈妈类似这样批评孩子。她们通常的方式是吼叫、责骂。这样的批评，使孩子感到丢脸、羞愧，自尊受到深深伤害，会对孩子造成深远的不利影响。

"人前不教子"，维护孩子的尊严

批评的真正目的是纠正孩子的错误，而不是为了羞辱、打压孩子，更不是为了妈妈发泄自己的情绪。每个孩子都有自己的人格，也都渴求被尊重被理解。妈妈在外人面前训斥孩子，会把孩子推向尴尬的境地。

● 当众揭短，孩子心理防线崩溃

孩子有缺点，妈妈要对孩子进行善意的批评，私下里与他一起探讨改进措施。若是妈妈当众批评，无疑是将孩子的短处暴露在外人面前，甚至是在众人面前撕开孩子心灵上的"伤疤"，会使孩子尊严扫地，心灵受到沉重打击。

● 当众批评，会使事态升级

被批评不是光彩的事情，孩子被批评时，并不希望被别人知道。当众指责孩子的过错，使孩子感觉丢了面子。为了维护自己的尊严，孩子往往会进行反驳或反抗，这样无疑使事情失去了缓冲的余地，导致矛盾激化。

● 当众批评，会使孩子逆反

妈妈当众批评孩子，有时候并不是因为孩子的错误需要立即指出，而是因为孩子的行为让妈妈感到尴尬、丢脸，妈妈通过批评表明"这是孩子的错，我教育了，跟我没有关系了"。但妈妈忽略的是，她掩饰了自己的尴尬，却使孩子陷入尴尬。孩子又不能去批评妈妈，只好通过顶嘴、破罐子破摔等方式来进行反抗，因此表现出多种逆反行为。

第四章　用鼓励塑造孩子的自尊心

怎样避免当众批评孩子

孩子犯错了，当众批评不仅达不到效果，还会影响孩子的心理健康和亲子关系。因此，妈妈们要避免当众批评孩子。

> 1. 批评要选择合适的场合。批评孩子的第一个原则就是要维护孩子的自尊心，所以在有外人的场合，孩子犯错时，妈妈要忍住，把孩子带到单独的空间再交流。
>
> 2. 在公众场合要克服自己虚荣心。有些妈妈，喜欢在公众场合拿自己的孩子跟别的孩子进行比较，进而当众批评："你看姐姐多优秀，再看你，连她的手指头都不如。"这样的话，是妈妈虚荣心受挫后的宣泄，将对孩子造成极大伤害。

知识点

1. 批评要维护孩子的自尊心。批评的目的是给孩子纠错，而不是为了羞辱、打压孩子。因此，批评的第一原则就是要维护孩子的自尊心，使他们的心理免受伤害。

2. 避免当众批评。批评要选择场合，在公众场合，妈妈要控制自己的情绪，孩子有错时要将孩子带到无人的空间交流；妈妈还要克服自己的虚荣心，不要为了维护自己的面子批评孩子。

07 当众表扬，提升孩子的自信心

中国妈妈一般都比较含蓄、内敛，她们在外面一般习惯夸奖别人家的孩子，而对自己孩子的评价却往往很谦虚。其实，孩子是很在意别人的看法的，也很在意自己在他人眼中的形象。有时，妈妈的谦虚，孩子并不能理解，他们因此会感到自尊受挫，表现出不满的情绪。所以，妈妈们也要适当对孩子进行当众表扬，以提升孩子的自信。

小力是一个比较安静的男孩，在学校成绩平平，一向不引人注意。一次聚会中，妈妈对别人说："小力虽然成绩一般，但是他对数字比较敏感，也喜欢数学。所以我一点都不担心他，再大一点他的逻辑思维优势会体现出来，成绩就会上来了。"小力听了妈妈的话，很感动，他第一次知道原来自己有这么大的优点。从那以后，他自信心爆棚，不仅奥数比赛多次获奖，成绩也越来越好。

可见，妈妈一次不经意的当众表扬，给小力带来了深深的影响。

当众表扬能提高孩子的内驱力

适当的当众表扬，对孩子会起到意想不到的激励作用，使孩子内心生发出强大的内驱力，促使他们保持良好的行为和习惯。

● 当众表扬使孩子成就感倍增

妈妈当众夸奖孩子，能让孩子成就感倍增，觉得自己不仅得到了妈妈的认可，还得到了其他更多人的认可。因而，内心会产生向上的动力，激发出更强烈的上进心。

● 当众表扬增强孩子的自信和自尊

有一句话叫"扬善于公堂，归过于私堂"。当妈妈当众表扬孩子时，孩子会感到自豪和被爱，有助于自信心的建立。

● 当众表扬帮孩子建立良好的社会关系

妈妈对孩子进行当众表扬，孩子的行为经过"传播"，会被更多人知道，得到更多人的欣赏和称赞。孩子因此会增加更多与别人交流的机会，有助于提高他的社交能力，并建立更好的人际关系。

当众表扬要注意些什么

妈妈要注意，当众表扬要实事求是，不能浮夸和炫耀。否则，会起到反作用。

1. 当众表扬要夸到点子上。妈妈当众夸奖孩子，要具体、夸到点子上，既让孩子明白哪里做得好，也让其他听的人更容易接受。比如妈妈说："这次考试前他的学习状态很好，能劳逸结合，学时专心，休息时又能放空，所以考得还不错。"这样具体的表述，让孩子觉得真诚，让旁人也不会认为是炫耀。

2. 当众表扬要适度。妈妈当众夸赞孩子，一定要适度，要实事求是，否则会给孩子带来一定的心理压力，认为只有达到某种高度才能得到妈妈的认可。妈妈也不能出于炫耀的目的，让孩子表演特长，这看起来是对孩子的赞美，其实容易让孩子爱慕虚荣。

3. 当众表扬要观察孩子的反应。妈妈想当众表扬孩子时，也要分场合，看气氛，观察一下孩子的情绪。有时，孩子不希望当众表扬他。也有时孩子可能比较害羞，妈妈当众表扬他会难为情。所以，妈妈在表扬前要看看孩子的表情和情绪，先征得孩子的同意。

知识点

1. 当众表扬效果翻倍。妈妈当众夸奖孩子，可以使孩子成就感倍增，还可以增强孩子的自信心，提升孩子自尊。有时，当众表扬还可以增加孩子与他人交流的机会，帮孩子建立良好的人际关系。

2. 注意当众表扬的分寸。当众表扬要夸到点子上，要针对具体的行为；要适度，要实事求是；不能为了炫耀。妈妈想表扬孩子时，还要观察孩子的反应，得到孩子的同意。

第五章　冷静处理"糟糕行为"，带孩子走向正轨

01 孩子叛逆，妈妈要冷静对待

所谓叛逆，是孩子的一种反抗行为。面对孩子的反抗行为，妈妈如果采用压制、对抗的方式，只能是硬碰硬，形成"两败俱伤"的后果。所以，妈妈应该冷静下来，意识到孩子不会无缘无故叛逆，找到孩子叛逆背后的真正原因，帮助孩子走出叛逆。

阿苏小时候迷上了琵琶这种乐器，妈妈也很支持她，给她请了老师去学。阿苏演奏得很好，获得了很多比赛的奖项。但是初二时，她执意不肯再学了，碰都不再碰曾经心爱的琵琶。妈妈试了很多办法，软硬兼施，最后还是没能说服她继续学下去。多年之后，阿苏才说出原因，原来她觉得妈妈要求太多，给她安排各种比赛，不顾及她愿不愿意参加，她只好索性不再弹，以此来反抗妈妈。阿苏妈妈知道后，很是自责。

如果当年阿苏妈妈能认真倾听阿苏的心声，弄明白阿苏突然叛逆的原因，妥善解决，很可能阿苏就不会放弃心爱的乐器学习，留下一生的遗憾。

叛逆背后，是孩子对理解的渴望

叛逆的孩子，看起来我行我素，不服管教，你说东他偏要往西，但实际上，这些行为的背后，是他寻求被关注、被理解的渴望。

● 叛逆是孩子应对压抑的出口

孩子出现叛逆行为，很多情况下是家庭的问题。家长平时太严厉，

对孩子期望太高又限制太多，反复唠叨等做法，会让孩子内心承受极大压力，感觉到十分压抑。如果这时孩子的压抑无处倾诉，他们就只好通过一些出格的行为，来表达自己的不满或反抗。

● 叛逆是孩子彰显自我意识的途径

随着孩子的成长，他们的独立性和自我意识也逐渐增强，这时，如果妈妈没有及时调整教育方式，还是对孩子管得太多，限制他的独立要求，就会使孩子的自我意识无法在生活中得到彰显，他们就会通过一些叛逆的行为来表现自己，寻求外界的关注。

第五章　冷静处理"糟糕行为"，带孩子走向正轨

孩子叛逆，妈妈如何应对

既然孩子的逆反行为并非天生，而是大多与家庭养育有关，妈妈就可以探寻出解决方法，帮孩子走入正轨。

> 1. 保持冷静和耐心，理解孩子的需求。当孩子出现情绪波动或对抗时，妈妈不能也随着紧张或情绪化，而是应该保持冷静和耐心。妈妈可以试着与孩子进行平等、真诚的对话，认真倾听孩子的想法，觉察他们的感受和内心需求，尊重他们的观点，向孩子表达关心和支持。同时，妈妈也要表达自己的观点，引导孩子理解并接受。
>
> 2. 建立支持性的沟通渠道。针对孩子成长中遇到的难题，妈妈要能提供稳定和明确的支持途径。比如可以随时倾听，促成孩子放下戒备坦诚交流，在孩子迷茫时帮他分析利弊，提供建议。这样，孩子在生活中可以感到安全，减少焦虑烦躁。

知识点

1. 孩子叛逆，妈妈不能硬碰硬。孩子叛逆行为的背后，通常隐藏着他们寻求被理解的渴望。如果妈妈对他们的行为进行管制、强迫，会适得其反。这时，应该探寻他们真实的需求，给予理解和尊重，陪伴孩子度过叛逆期。

2. 建立有效的支持系统。妈妈与孩子间，要有顺畅、平等的沟通渠道，使孩子在有需要时，可以随时寻得妈妈的帮助，孩子内心安全，便不会有出格的行为。

02 温和纠错，让孩子看到自己的成长

孩子犯错时，妈妈如何纠正是一道难题。妈妈如果严厉训斥，很可能会引起孩子的哭闹或反感；妈妈如果耐心哄劝，孩子通常又不肯接受、不当回事。怎样纠正孩子的错误，让他们能在错误中得到成长的经验和教训，是值得探讨的一个话题。

小杰爱玩手机游戏，一坐下来，就拿出手机玩。妈妈最初会哄着他不玩，跟他说只要不玩手机，就给他买零食或带他去游乐场。这种交换的方法开始还奏效，但时间一长，也失去了吸引力。这天，妈妈被老师叫到学校，原因是小杰偷偷在自习课玩手机游戏。妈妈非常生气，当着老师同学的面训斥小杰，小杰也不甘示弱，将手机重重摔在妈妈面前，跑出学校……

小杰妈妈非常苦恼，哄也不是，骂也不是，到底怎么样才能让小杰认识到错误，并且改正呢？其实，温和纠错，就是值得尝试的方式。

选择合适的纠错方式

孩子的成长之路需要大量试错，孩子犯了错误并不可怕，但妈妈对孩子的错误采用什么样的处理方式，非常重要。只有适合的纠错方式，才能使孩子从错误中得到学习和成长。

● 过于严厉，让孩子产生羞耻感

孩子犯错时，一些妈妈会采用过于严厉的批评方式，比如使用贬低的语言、在公众场合公开教训等，这让孩子内心产生羞耻感，他们

会产生自己是坏孩子、自己不被妈妈接受等情绪。这种羞耻感给孩子带来了自我否定,导致他们逃避错误或进行反抗。长期的羞耻感,还会让孩子形成自卑、懦弱的性格。因而,孩子犯错时,妈妈过于严厉的纠错方式并不可取。

● 理智温和,让孩子感受理解和包容

妈妈在批评孩子时,要将孩子本身与他的错误行为分开,要相信孩子的本性是善良的。妈妈要用理智与温和的态度,引导孩子关注错误的原因,以及怎样改正错误。这个过程中,妈妈的理智温和,会让孩子感受到理解和包容,因此更容易接纳妈妈的批评。

温和纠错，让孩子成为更好的自己

每个孩子都是在不断试错中得到成长和学习的机会，妈妈温和纠错，孩子更愿意承担责任，吸取教训，从而成长为更好的自己。

1. 鼓励孩子自己修正。妈妈态度温和时，可以更理智地看待孩子的一些小问题，对于一些非原则性、不紧急的错误，妈妈可以试着按兵不动，给孩子一个自己发现错误、改正错误的机会。自己修正错误的过程，就是孩子观察、思考、改变的过程，这对孩子来说是一个很好的锻炼。

2. 鼓励孩子合理归因。妈妈温和理智时，面对孩子的错误，就会心平气和地与孩子一起分析总结，找到错误的原因。妈妈可以鼓励孩子针对这些原因进行纠正、改善，从错误中寻找新的行动和努力方向，避免类似的错误再次发生。

知识点

1. 不同的纠错方式产生不同结果。面对孩子的错误，妈妈采用不同的纠正方式，往往取得不同的效果。一般来说，过于严厉会让孩子萌生羞耻感，产生自卑；而温和理智，会让孩子感受到理解和包容，从而更容易接受批评，改正错误。

2. 温和纠错，促进孩子成长。孩子都是在不断试错中成长起来的，妈妈采取温和的态度，与孩子一起总结在错误中得到的教训，会把错误变成孩子学习的机会，从而使他成为越来越好的自己。

03 孩子撒谎，妈妈要正确疏导

诚实是一种美德，也是创造未来美好生活的强大力量。妈妈总是希望自己的孩子能拥有诚实的品格。然而，在养育过程中，妈妈却常常遇到孩子说谎的情况。孩子说谎，妈妈往往如临大敌，甚至痛心疾首：这么小的孩子怎么就说谎了呢，从哪里学的，万一养成习惯可怎么办？

睿睿读六年级，最近，妈妈和老师都发现他很爱撒谎。零花钱花光了，妈妈问他都做了什么，他会撒谎；回家晚了，妈妈问他干什么去了，他会撒谎；迟到了，老师问他原因，他会撒谎；甚至有一天，他带着伤回家，妈妈问他怎么弄的，他也撒了谎。其实，这些事情，他如实说出原因，没有什么大不了的，但他就是说谎，找另外的理由。睿睿的这种表现，让妈妈头疼不已……

睿睿妈妈的烦恼并不是个例。怎样找到孩子喜欢说谎的原因，采用正确的方法加以疏导，是每位妈妈都要学习的重要一课。

孩子为什么会撒谎

不同年龄阶段的孩子，谎言的类型不一样，说谎的原因也不一样。妈妈识别孩子谎言的类型，找出他们说谎的原因，才能更好地疏导和教育。

● 无意识说谎

几乎所有孩子都会撒谎，撒谎是儿童时期正常且必然发生的行为。

3岁以下的孩子，还分不清想象和事实的界限，他们说谎往往是无意识的。比如孩子说："爸爸昨天给我买了十辆汽车呢。"这时，妈妈只需要附和就行，不需要戳穿和干涉。

● 有意识说谎

随着孩子年龄的增加，他们会有意识说谎。孩子有意识说谎，一般有如下目的：逃避惩罚、取悦大人、避免麻烦或获得好处。当孩子做错了事，担心受到惩罚，常会通过说谎来掩盖犯错的事实；当孩子的行为没有契合大人的期待，他们会为了取悦大人而选择说谎；当孩子为了摆脱麻烦或为了得到某个好处时，他们也可能说谎。

怎样面对孩子的谎言

当孩子有撒谎的行为时，不能将责任归咎于孩子本身，因为孩子的行为品性，恰是养育方式的体现。妈妈应审视自己的教育方法，找到症结，唤起孩子的改变。

第五章　冷静处理"糟糕行为"，带孩子走向正轨

1. 信任孩子，接纳孩子的错误。生活中，妈妈要耐心仔细地跟孩子沟通，对孩子给予信任。孩子因为犯错说谎时，要体察孩子内心的恐慌和内疚，容忍和理解孩子的错误；孩子未达到大人要求的目标，用谎言来取悦大人时，妈妈要与孩子一起分析调整，使孩子明白，妈妈的爱，不必通过取悦获得。

2. 针对情境应对孩子的谎言。如果孩子说谎，妈妈不要立即拆穿，可以先确认孩子的说法，再明确陈述事实情况，给孩子一点思考的时间。待孩子明白妈妈其实了解真相，不说谎也会得到理解时，再温和地对孩子提出诚实的要求。或者当孩子说谎时，妈妈不要一再追问，追问可能会给孩子又一次说谎的机会。妈妈可以直接说明知道他在撒谎，请他认真思考后再给出一个合理解释。不同情境，妈妈可以尝试不同的方式。

知识点

1. 识别孩子的谎言类型。儿童心理学家皮亚杰认为，儿童谎言分为顽皮的话、不符合事实的一种断言、有意图的错误陈述或表达三个层次。妈妈识别出孩子的谎言类型后，才能更好应对。

2. 理智对待孩子说谎行为。孩子出现说谎行为，妈妈不要马上认为是孩子的品行问题。多数情况下，说谎只是孩子选择的一种应对方式。妈妈要理性对待，找出原因，合理引导。

04 孩子偷东西，妈妈要及时干预

生活中有些妈妈有时会遇到孩子偷东西的情况。孩子偷东西，使妈妈难堪又气愤。她们一方面觉得孩子的行为特别羞耻，另一方面又担心孩子的行为影响到他的品德和成长。

丹丹是个漂亮乖巧的女孩儿。这天在学校，老师发现她身上布满了伤痕。经过详细询问，才得知丹丹周末在家里偷了妈妈一百块钱，妈妈愤怒之下，狠狠打了她一顿。妈妈之所以情绪这么激动，是因为丹丹已经不是第一次偷钱了。

最初，老师就曾找妈妈谈话，说丹丹在班级里偷拿过几次同学的钱，有的是从同学文具盒里拿的，有的是从同学衣服口袋里拿的。经过老师的教育后，丹丹在班级里再也没有偷钱，但她却开始在家里偷钱，直到这次被妈妈发现。妈妈认为，如果不狠狠教训她，丹丹以后可能会走上歪路……

丹丹妈妈的心情可以理解，但她试图通过暴力让孩子改掉偷钱毛病的做法，显然是行不通的。妈妈应该找到孩子行为背后的动机，对症下药，与孩子一起，寻找解决办法。

偷东西背后深藏的原因

孩子不会无缘无故拿别人的东西，但有时即使他们自己，也无法说清自己拿别人东西的目的。但行为背后，都有隐藏的深层原因，这些原因值得探究。

● 孩子内心有匮乏感

如果一个孩子的需要没得到满足，他内心就会生成匮乏感，就想用别的方法来弥补。这种匮乏感，有物质上的，也有情感上的。孩子偷东西，如果这个东西他确实很需要，妈妈应该反思是不是没有及时满足孩子的物质需求；如果这个东西并不是他需要的，妈妈更得重视，体察一下是不是孩子内心的情感需求没有得到满足，才促使他通过这种行为来弥补自己内心的匮乏。

● 孩子控制不了自己的占有欲

孩子的规则感、物权意识还没发展成熟。当他们看到某个东西很喜欢时，控制不住自己的欲望，就想占为己有。他们还没有充分理解"规则"和"物权"的神圣。

● 孩子出于报复或发泄的心理

孩子的心理发展还不健全，有的时候，和小伙伴吵架了，或者觉得别的孩子得罪了自己，他们会偷偷拿走别人心爱的东西，通过让别人着急、伤心的方式，来发泄自己的不满。

怎样及时干预

如果孩子爱拿别人的东西，妈妈找到原因后，要及时采取合适的教育方法，对孩子的行为进行干预，帮助孩子改正。

> 1. 给孩子提供及时的关注和爱。妈妈要了解孩子偷拿东西背后的心理需求，给孩子情感上的温暖，在生活中关心孩子，让孩子感受到安全感。只有这样，孩子内心才能充盈，才有力量克服自己的匮乏感和占有欲，改掉偷东西的行为。
> 2. 教孩子形成清晰的物权意识。妈妈要在生活中教给孩子，每一样东西都有归属，有明确的物权人。属于孩子自己的东西让孩子完全做主，属于家里共用的东西，需要全家人共同做主，属于别人的东西，如果未得到别人的同意就拿过来，是明显的错误行为，是不能被允许的。

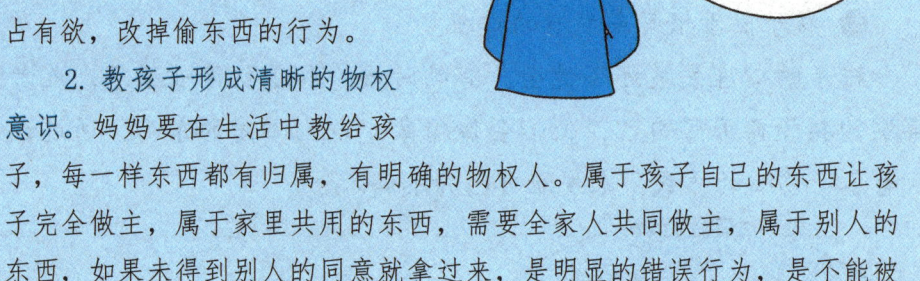

知识点

1. 弥补孩子的匮乏感。如果孩子内心需求没有得到满足，就会生成匮乏感，有时是物质上的，有时是情感上的。妈妈要及时关注并弥补孩子的缺失，使他们内心充盈，这样孩子才不会通过别的方式来弥补自己的匮乏。

2. 形成清晰的物权意识。让孩子形成清晰的物权意识，是社会生存的基本规则，也是对孩子自身素质的基本要求。

05 孩子任性，理解背后的原因

孩子任性是妈妈经常遇到的问题，面对孩子的"无理取闹"，妈妈常常束手无措，十分头疼。任性的孩子就像故意跟大人作对一样，一点道理也听不进去，有时还提一些莫名其妙的要求。

楠楠假期在外婆家，该睡觉了，他还非要到外面去玩。妈妈说了他几句，他就开始大哭，吵得一家人都起来哄他，但越哄他越是哭，最后还是外公抱着他到黑漆漆的院子里走了一圈，他才作罢。平时他也是这样，有什么心愿大人不答应，就哭起来没完没了……面对楠楠这种"不达目的不罢休"的情况，妈妈也想纠正，但每次都是败下阵来，最后只能依他。

楠楠的行为就是典型的任性，想怎样就怎样，不听从也不顾及实际情况。小一点的孩子，任性还不会有太严重的后果，但是稍大一些，任性的孩子就可能出现一些过激的行为。要想根治孩子的任性行为，就要找到孩子任性背后的原因，这对妈妈来说很重要。

任性行为产生的原因

任性并不是孩子的本性，很多急脾气的孩子，也并不任性。究其根源，任性还是与不当的家庭养育方式有关。

● 家长没有及时满足孩子的情感需求

妈妈细心观察会发现，任性并不是孩子的目的，而只是他的一种手段。孩子通过任性行为,来寻求周围人的关注,让大家知道:"我现在很不开心,你们注意一下我。"孩子之所以采用这样的方式,是因为最初他通过平和的方式表达自己的需要时,没有被重视,也没有得到及时满足,他的情绪堵塞在那里,他只好通过过激的方式表现出来,让别人知道。

● 家长无原则地迁就孩子

有些孩子的任性同生活中得到的溺爱有关。如果家长不坚持原则,一味迁就,使孩子的不合理要求,在哭闹、任性中能得到满足,他就尝到了这种"要挟"带来的好处,并一再采用这样的手段。渐渐地,孩子就会养成任意妄为、不讲道理的习惯。

怎样纠正孩子的任性行为

改变孩子的任性行为,对妈妈们来说,是一场需要智慧的战斗。用错了方法,会助长孩子的任性心理;用对了方法,会起到立竿见影的效果,得到一个不再任性的懂事孩子。

第五章 冷静处理"糟糕行为",带孩子走向正轨

1. 与孩子建立亲密的情感链接。妈妈与孩子感情亲密,孩子就更愿意听妈妈的话,更容易沟通。当孩子表现出任性时,妈妈可以平静下来,认真听一听孩子的话,了解他的内心诉求。这样就可以明白孩子任性的原因,从而有针对性地来解决。这样的过程,也可以进一步拉近与孩子的关系。妈妈与孩子间心意相通,孩子就不必再通过任性的方式来得到想要的东西了。

2. 及时满足孩子的合理需求。生活中,如果孩子的要求合理,妈妈要及时给予满足;如果孩子的要求不合理,就明确拒绝。如果妈妈找借口拖延满足孩子,孩子心里不仅会困惑,也会产生不满的情绪,孩子有情绪时,还怎么能做到平静。另外,拒绝孩子的合理要求,也是对孩子的不尊重,对孩子来说,是不公平的。

知识点

1. 及时满足。不管是对孩子合理的情感需求还是物质需求,妈妈都要给予及时的回应和满足,这样孩子才能形成明确的边界感,知道什么样的要求是合理的,什么样的要求是不合理的。

2. 建立情感链接。妈妈与孩子间需要建立亲密的情感链接,这样妈妈才能了解孩子的内心,尊重他的需求,孩子也不必通过任性来得到想要的东西。

06 孩子磨蹭，先接纳再引导

孩子磨蹭是一个常见问题，也是让很多妈妈头疼不已的问题。

小昕就是一个"小磨蹭"。每天早晨，妈妈要提前十分钟开始喊她起床，几乎一分钟喊一次。她哼哼唧唧起来了，开始像慢动作一样启动一天的程序……妈妈真是快被她急死。让妈妈不解的是，如果哪天前面的节奏快了一点，临出门前，她就会坐到沙发上，没事找事地开始哭闹，闹够几分钟，磨蹭到最后一秒，或是妈妈崩溃大吼，她再慢慢出门……

像小昕这样的孩子不在少数，他们不论什么事，都能找到各种理由拖延，让时间白白溜走。孩子拖延的背后，究竟隐藏着什么样的原因？

寻找磨蹭背后的原因

孩子做事拖延的背后，可能隐藏着多样化的原因。妈妈要观察孩子的行为模式，看一看孩子是在所有事上都磨蹭，还是在特定的事情上磨蹭；是在一个人面前磨蹭，还是在所有人面前都磨蹭。找到问题的根源，才能与孩子进行下一步沟通。

● 孩子心理上的抗拒

当不情愿地去做一件事时，每个人的心理上都会抗拒。大人有一定的自控力，会约束自己不得不去做不喜欢的事，而孩子还没有那么强的自控能力，他们就只能通过拖延来逃避。

第五章　冷静处理"糟糕行为",带孩子走向正轨

● 妈妈催促,加剧孩子的逆反

有时候,妈妈对孩子管得太严格,孩子不敢明着反抗,只能用磨蹭这种方式表达不满。妈妈越催促,他动作就越慢,用这种方式对妈妈进行反击。

● 妈妈越俎代庖,孩子越发依赖

有的妈妈习惯为孩子操办一切,凡事都替他想到前面,甚至有的妈妈,见孩子动作慢,一着急便亲自代劳。这样都会使孩子产生依赖心理,觉得自己不用着急,到了时间妈妈会催促,或者帮他做。久而久之,孩子遇事便能拖就拖。

对症下药,让孩子不再磨蹭

磨蹭是后天养成的一种坏习惯,是可以改变的。妈妈应该弄清孩子磨蹭的深层原因,做出有效的补救措施,引领孩子走出拖延的困境。

1. 接纳而不催促。面对孩子的磨蹭，妈妈首先要理解和接纳。慢一点也没关系，先放下唠叨和催促，认真倾听孩子的感受，找到孩子磨蹭的原因。妈妈的接纳是抚平孩子情绪的最好武器。

2. 激发孩子做事的兴趣和动机。遇到孩子不喜欢某件事而拖延时，妈妈要跟孩子一起想办法。比如将复杂的目标转化成一个个简单的小步骤，尝试将孩子的兴趣爱好融入枯燥的目标中，在孩子完成小目标的过程中不断给予正向反馈等。通过这样刻意的尝试，让孩子渐渐找到乐趣、满足感和信心。当孩子开始接受或喜欢上这件事情时，自然不会再磨蹭。

3. 放开包办，让孩子自我管理。妈妈在一定的限度内给孩子自主权，让他们自己安排自己的事情。如果节约出来时间，就可以自由支配，如果没有完成计划，就自己承担后果。妈妈放手，给孩子锻炼的机会，让他们学会独立，才能根治拖延。

知识点

1. 孩子拖延，试着接纳。拖延是一种习惯而非个性，是可以改变的。妈妈要先弄清楚孩子拖延的深层原因，接纳他们的情绪和行为，抚平他们内心的抗拒，再一步步指引他们改善。

2. 引导孩子进行自我管理。妈妈学着放手，引导孩子进行自我时间管理。可以先让孩子感受10分钟、半小时都可以完成什么事，再学着管理自己的时间，逐渐培养效率观念。

07 面对顶嘴，保持耐心与沟通

孩子打断大人并与大人进行辩论的场景在生活中屡见不鲜，常常让妈妈感到困惑和不安。在这种情况下，保持理性和同理心是至关重要的。孩子的顶嘴行为往往是他们表达自身观点和情绪的一种方式，也可能是他们在探索独立性、寻求理解和沟通的信号。

凡凡妈妈跟朋友倾诉：凡凡小时候很听话，可是不知为什么，自从上了小学，就表现得很叛逆，你说东他去西，你说一句，他顶十句。不仅歪理一大堆，还动不动就发脾气。妈妈一看到他这样子，就难免愤怒。因此，常常弄得亲子之间气氛十分紧张，弥漫着紧绷的火药味儿……

面对这种情况，妈妈需要意识到，孩子的顶嘴并不是单纯的叛逆，而可能是对某些事情有不同的看法或感受。与其一味压制，不如深入了解孩子顶嘴背后的原因，通过有效沟通，倾听他们的真实想法。这样，不仅有助于化解矛盾，还能帮助孩子更好地表达自己，促进良好的亲子关系。

正确认识孩子顶嘴问题

孩子顶嘴的原因多种多样，一方面可能是孩子自身的问题，另一方面可能跟妈妈的管教方式有关。妈妈只有了解顶嘴背后的原因，才能更好地加以引导。

● 顶嘴是孩子自我意识增强的信号

孩子随着年龄的增长，自我意识会逐渐增强，他们越来越有尊严感，希望妈妈能理解和尊重他们的想法。他们也希望摆脱大人的说教，能自己决定一些事。当孩子的观点与妈妈的不一致时，他们就可能通过顶嘴来表达自己的看法。顶嘴是孩子自我意识和尊严觉醒的信号。

● 顶嘴是孩子需要表达内心的需求

有些妈妈对孩子比较严格，在孩子面前刻意维护自己的权威，常用命令式语言对孩子说话，这就使得孩子有时被忽视、被限制，甚至被误解。这时，他们往往会通过顶嘴来表达自己的不满或反抗，同时也是通过顶嘴来表达自己的需求和渴望，希望能得到尊重和关注。

孩子顶嘴，妈妈怎么做

当孩子表现出顶嘴迹象时，妈妈既不要立刻生气，也不能放纵孩子。妈妈可以把顶嘴当成一个了解孩子内心的契机，剖析他们反抗、叛逆的根本原因，陪孩子一起找出具体解决办法。

第五章 冷静处理"糟糕行为",带孩子走向正轨

1. 克制情绪,耐心沟通。妈妈命令或否定的说话方式,很容易激起孩子内心的不满,使他们通过顶嘴来进行反抗。这时,妈妈不妨先克制自己的情绪,改变说话方式,保持冷静和耐心,与孩子进行温和的沟通。比如,妈妈不说"不许玩手机",而是说"你要不要给自己设定一个时间?"

2. 规范界限,平等对话。有时候,孩子只是想解释或讲道理,但在妈妈听来却像是顶嘴。因此,妈妈需要为孩子设定明确的界限,使他们理解"解释"和"顶嘴"之间的区别。对于原则性的问题,孩子需要听从大人的意见,而在其他事情上,可以尊重孩子的观点。妈妈应该以平等的态度与孩子对话,当孩子顶嘴时,耐心听取孩子的需求,并尝试接受孩子的观点。

知识点

1. 理解顶嘴的本质。孩子的顶嘴往往是他们自我意识增强和表达内心需求的表现。此外,严厉或权威的管教方式可能导致孩子感觉被忽视或误解,他们会通过顶嘴表达不满和渴望被关注。

2. 有效应对顶嘴的方法。面对顶嘴,父母应克制情绪,保持耐心,通过温和的沟通方式与孩子交流。例如,避免直接否定或命令,而是提出开放性的问题,促进对话。同时,为孩子设定明确的界限,帮助他们理解解释和顶嘴的区别。

08 孩子孤僻不合群，妈妈要积极引导

如今，人际交往能力成为衡量一个孩子情商高不高的重要技能之一。如果一个孩子开朗活泼、善于交际，通常被认为他会更讨人喜欢。如果一个孩子喜欢独来独往、不爱交际，就会被认为不合群、孤僻，妈妈就会很紧张。

小浩在妈妈眼里就不太合群，他几乎没有什么朋友，总是一个人待在家里，一个人玩玩具、看电视，对其他事漠不关心，对集体活动不感兴趣。妈妈很担心他这样的性格，在学校受到孤立。

像小浩这种不合群行为背后是什么原因，妈妈又该如何找到合适的应对措施，促使他改变呢？

理解不合群背后的原因

孩子不合群可能由多种因素引起，比如孩子自身的气质特点、家庭环境、亲子关系等。妈妈要细心观察孩子，找到具体原因。

● 孩子性格内向，不愿意与人过多交往

现实中，每个孩子都有自己的特点。有的孩子天生喜欢安静，喜欢独来独往，不愿意与他人相处，这只是孩子性格的一种表现。

● 孩子社交能力退缩

有些孩子在家里或是熟悉的地方，表现得很活跃，但是到了外面的人群中，就表现出害怕、懦弱、不声不响。这样的孩子有可能是因

为没有得到足够的关注和赞扬，自信心受到了打击，习惯性退缩。也有可能是受家庭影响，很少与外界接触，造成自己的社交能力比较弱。

● **孩子个性自私，交不到朋友**

有的孩子得到家人的溺爱，做事随心所欲，个性自私。这样的孩子到外面与别的孩子交往时，也表现得争强好胜、任性霸道，这就使得他们在同伴中不受欢迎，被迫成为不合群的孤独者。

引导孩子走出孤僻

如果孩子孤僻、不合群的状态，影响了他的成长，给他的心理造成一定的焦虑，妈妈就要对症下药，通过具体的措施来引导孩子加以改善。

101

1. 不贴标签，全然接纳。对于天生具有内向、孤独气质的孩子，只要他享受不被外界打扰的状态，妈妈就不必干预。性格没有优劣之分，并不是开朗外向的孩子就一定能取得更大的成就。妈妈只要接纳孩子的状态，引导他们发挥自己的优势就好。他们自然会通过自己的特质吸引来志趣相投的朋友。

2. 鼓励孩子在人群中找到快乐。对于自信心受挫、社交能力弱的孩子，妈妈要鼓励他走进人群，也可以有意识地创造让孩子进行社交的机会。比如，邀请同学到家里做客，带孩子见亲朋好友，通过这样的活动，可以减少孩子对交际场合的畏惧心理，增强他对人际交往的兴趣，渐渐从社交活动中找到快乐。

3. 教育孩子包容合作。对于任性自私的孩子，妈妈要纠正他的行为，教育他尊重他人，待人宽容，培养孩子与他人合作的能力。自己做好了，就会成为受欢迎的人，就可以融入集体之中，交到朋友。

知识点

1. 接纳内向特质的孩子。并不是孩子所有不合群的状态都要干预，对于性格内向，有孤独特质的孩子，妈妈要欣然接纳，引导他们发挥自己的优势，找到自己的兴趣，并以此吸引相同志趣的朋友。

2. 鼓励引导进行社交。当孩子社会能力减弱时，妈妈越强迫，他会越退缩。这时，妈妈应该多用鼓励的方法去引导，多给孩子创造机会，让他自己感受到社交活动的快乐，从而从内心想去融入人群。

第六章　爱要有度，培养孩子的独立性

01　溺爱是谁的需要？爱孩子不等于放纵

尹建莉老师在《最美的教育最简单》一书中指出："爱的本质是要给孩子自由、宽容、欣赏，而溺爱的本质是管制、包办、批评。"这句话阐述了一个重要的教育理念：真正的爱应该是帮助孩子成长，而不是过度干涉和控制。

一天，阿杰在房间里安静地看书，妈妈突然走进来，二话不说就开始整理他的衣柜。谁承想，阿杰突然大叫："你动我东西干什么，出去！"妈妈吃了一惊，说："你从小到大，哪天不是我给你找衣服、洗衣服、整理衣服的？"阿杰哭着说："我自己会管理自己的衣服，不用你管。"

阿杰的情绪爆发，其实是长久以来妈妈"包办"一切导致的结果。在妈妈眼中，这一切都是出于对孩子的爱和照顾，但在阿杰眼中，却是一种无形的束缚和压抑。阿杰的故事告诉我们：溺爱并不是真正的爱，而是妈妈自以为是地付出，没有考虑到孩子真正的需求。真正的爱，需要给予孩子更多的自由和信任，让他们有机会去探索和承担责任。

溺爱的真相

常听到妈妈说："我把一切都给孩子了，他就是我的全部，我已经不在乎自己了。"说这种话的妈妈听上去似乎"伟大"，实际上却并没有真正地爱孩子。

● 溺爱忽略了孩子真实的需求

真正的爱是以满足对方的需求为出发点，但溺爱的妈妈往往误以为自己最了解孩子的需求。事实上，她们常常把自己的想法和愿望强加给孩子，就像孩子想要赢得一场篮球赛，妈妈却给他买了一堆奖牌。孩子真正需要的是比赛的乐趣和通过努力获得的成就感，而不是不劳而获的奖牌。这种溺爱剥夺了孩子追求兴趣的机会，也限制了他们成长和发展的能力。因此，溺爱并不是真正满足孩子的需求，而是妈妈的一厢情愿。用心倾听孩子的真实需求，给予他们所需的自由和支持，才能真正帮助他们健康成长。

● 溺爱的本质是强加

溺爱的妈妈，打着"为了孩子好"的旗号，将自己的意愿强加给孩子。比如给孩子买过多的衣服，如果孩子恰好并不喜欢，孩子就会感觉自己的感受没有被妈妈尊重，而妈妈的好心又似乎不能被指责，由此陷入自我压抑的情绪里。

第六章　爱要有度，培养孩子的独立性

真正的爱不放纵

1. 真正的爱有约束。妈妈真正的爱，是看到孩子的真实需求，并帮助孩子去实现，这种爱是有原则、有底线、有是非的。妈妈看到孩子的需求，是对孩子的尊重，孩子也在潜移默化下学会尊重别人；孩子犯错时，妈妈及时指出，孩子便学会遵守规则；孩子的事让他自己去做，他会更独立更有责任感。真正的爱是有约束的。

2. 放纵是一种溺爱。有一种妈妈，从不拒绝孩子的要求，孩子要什么就给什么，哪怕是不合理的要求，也都竭尽全力去满足。这种纵容下长大的孩子，往往内心自私，不会为他人着想，又自我无限膨胀，以自我为中心，在社会上很难立足。放纵是一种溺爱，会严重影响孩子的健康发展。

知识点

1. 区别溺爱与爱。真正的爱是从孩子的需求出发，有原则、有底线的爱；而溺爱是妈妈的自我需求，并不是孩子真正的需要。爱越多越好，但溺爱会毁了孩子。

2. 真爱不放纵。如果对孩子有求必应，哪怕不合理的要求，也去满足他，那是对孩子的纵容，是一种不负责任的溺爱。放纵的溺爱会使孩子坠入以自我为中心的泥潭，无法在社会上正常发展。

02 无规矩不成方圆，引导孩子学会自律

中国传统教育中所谓"无规矩不成方圆"，是说人人都要遵守规则，只有这样，大家才能拥有正常的生活。这一点也符合现代家庭教育观。

芳芳过马路时，看到红灯硬闯，差点酿成悲剧。这件事给了妈妈一个教训，她意识到，正是自己平时骑电动车时，不守交通规则，才给芳芳做了坏榜样。从此，妈妈格外遵守规则，也特别重视对芳芳的规则教育，使芳芳养成了保持自律、遵守规则的好习惯。

从这个小例子中，我们看到：好的家庭教育，不仅要尊重孩子的天性，也要培养孩子形成良好的行为习惯和道德品行，引导孩子守规则、懂自律，这样才能教育出人格独立、品学兼优的孩子。

真正的自由建立在规则之上

在养育过程中，妈妈虽然应遵循孩子身心自然发展的原则，但并不意味着让孩子"想怎么样就怎么样"。规则是对孩子的基本约束和保护。只有在规则基础上，孩子才能真正享有自由。

规则还能帮助孩子理解界限和责任。妈妈在一定的规则范围内给孩子自由，才能既满足孩子的探索需求，又确保他们安全、健康地成长。真正的自由，源于对规则的尊重和理解。

● 规则意识带来公平感

家庭中，规则不是单方面的强制，而是全体成员都应遵守的准则。

如果家长一边给孩子制订规则，一边自己破坏，孩子只会产生反感和不满。只有家长以身作则，和孩子一起遵守规则，孩子才能体会到公平。在公平的基础上，孩子才能真正享有自由。

● 规则意识带来安全感

规则帮助孩子明确行为的界限，为他们提供安全保障。例如，在公共场合不能打扰他人，危险的地方不能随便去。妈妈教孩子遵守这些规则，可以减少不确定性和风险，给孩子带来安全感。只有在安全感的基础上，孩子才能享有真正的自由。

● 规则意识培养责任感

规则的目的不是限制，而是教育。在规则的框架下，当孩子犯错时，妈妈要让孩子学会承担责任。因为需要承担责任，孩子才会反思自己的行为，学会自我约束。有责任感的孩子才能掌控自己，赢得独立。只有在独立的基础上，孩子才能谈论真正的自由。

通过巧设规则引导孩子更自律

树立规则意识的关键在于自律。一个自律的孩子才能学会自我管理，具有自控能力，更好地遵守规则。反过来，设立合理的规则，又能引导、督促孩子更加自律。

1. 从设定小规则开始。自律的培养是一点一点来的。妈妈可以先与孩子一起，设定一些小的目标。比如，可以从按时写作业、上学不迟到这类小事开始，让孩子学会自我约束，感受规则。等孩子体会到自律的好处，能遵守这些规则了，再设定复杂一点的规则。循序渐进，适时调整，逐渐引导孩子更加自律。

2. 从言传身教中引导。父母是孩子最好的老师，在日常生活中，妈妈要作好表率，时刻遵守规则，注重公德秩序。这种言传身教，潜移默化之下，孩子也必然能学会规则意识，懂得自律。

知识点

1. 规则之下才有自由。孩子的自由需要有规则的约束，规则可以让人体会到公平感、安全感，遵守规则可以培养孩子的责任心。在规则的框架下，才有真正的自由。

2. 规则让孩子更自律。孩子在遵守规则的过程中，可以学会掌控自己的行为，学会自我管理，从而更加自律。

03 过度保护，只会成为孩子成长的绊脚石

每位妈妈都希望孩子能尽量避开生活中的磕碰，出于本能，她们试图以自己的经验为孩子铺平道路。然而，生活提示我们，适度的挫折是成长旅程中不可或缺的一部分。

一天，小明正在家里尝试组装一个复杂的玩具模型，妈妈看见了，立刻上前帮忙，说："这么难的东西，让妈妈来帮你吧。"小明失望地放下工具，说："我想自己试试，你总是插手！"妈妈愣了一下，说："我只是想让你少受挫折，早点完成。"小明委屈地说："这样我永远学不会。"

小明的情绪爆发，其实是长期以来妈妈过度保护的结果。在妈妈眼中，这一切都是为了避免孩子受到挫折和失败，但在小明眼中，却是一种无形的限制和束缚。

这个故事告诉我们：过度保护并不是真正的爱，真正的爱，需要给予孩子面对挑战和解决问题的机会，让他们在挫折中学会坚强和独立。

过度保护的隐忧

过度保护是指父母过度关注和保护孩子，使其无法独立面对生活中的困难。过度保护实质上是对孩子的入侵和剥夺，对其成长有毁灭性影响。

● 独立性的缺失

被过度保护的孩子因父母总是抢先一步解决问题，缺乏锻炼机会。例如，妈妈担心孩子做不好而直接代劳穿衣、整理玩具和写作业。久而久之，孩子依赖成性，缺乏独立意识和能力。

● 抗挫折能力的欠缺

被过度保护的孩子缺乏应对挫折的机会，因为父母会迅速解决一切冲突和麻烦，抹平孩子前进的每个小坎坷。这使孩子缺乏心理韧性，面对挑战时容易退缩甚至放弃。"失败是成功之母"，只有在不断尝试和调整中，孩子才能积累经验，增强信心。

● 坚韧性格的不足

孩子需要逐渐形成坚韧性格，以应对未来生活中的压力。被过度保护的孩子，表现出软弱和优柔寡断，依赖父母决策，缺乏独立思考和判断的机会。这使得他们在学习、工作和人际交往中缺乏坚韧性，表现得被动。

对孩子的保护，从学会放手开始

在育儿过程中，学会适时放手是给予孩子真正保护的重要一步。

第六章　爱要有度，培养孩子的独立性

1. 让孩子经历挫折。"不摔倒，怎么学会站稳？"这句话同样适用于育儿。聪明的妈妈会把孩子看作独立的个体，鼓励他们去探索和尝试。

2. 规则中的自由。为了让孩子在保护中自由成长，设定合理的规则至关重要。完全放养可能并不是最佳选择，从小学习遵守规则的孩子会更清楚哪些事情可以做、哪些不可以。在明确的规则中成长，孩子不仅能学会自我规范，也能更好地保护自己，减少不必要的风险。

3. 宽严之间的平衡。过度保护和完全放任都不可取，妈妈需要在宽严之间找到平衡。只要孩子想做的事情在安全范围内，就应给予他们尝试的机会，即便可能会失败。通过亲身体验，孩子才能真正理解和领会事情的本质，积累成长经验。

知识点

1. 抗挫折能力的培养。适度的挫折是孩子成长过程中不可或缺的一部分。通过经历和应对挫折，孩子可以逐渐培养出应对生活中各种挑战的心理韧性和能力。

2. 设定合理的规则。设定合理的规则能够帮助孩子在保护中自由成长。规则可以明确哪些行为是可以接受的，哪些是不可以的，从而减少孩子在探索新事物时可能面临的风险。

3. 在宽严之间找到平衡。过度保护和完全放任都是不可取的。妈妈需要在宽严之间找到平衡，给予孩子尝试和失败的机会，也明确生活中的底线和原则。

04 切忌亲子关系凌驾于夫妻关系之上

在一个现代家庭里，夫妻之间的关系才是家庭的核心和底色，亲子关系应处于次要位置。父母深爱孩子，培养孩子长大的目的，是为了让他能够独立生活，建立新的家庭，将爱传递给下一代。

妙妙已经 18 岁了，面对即将到来的大学生活，一家人一筹莫展。因为妙妙怎么看都不像 18 岁的孩子，在家里，她不会叠被子、洗碗、洗衣服，连洗头发都要妈妈帮忙，妈妈还一直称呼她"宝宝"。妙妙就像和妈妈共生在一起一样，去哪里都要妈妈陪，做什么都要妈妈同意。二人的关系密不透风，别人都插不进去。因此，妙妙不仅独立性差，就连心态都还像小学生，能否适应大学生活着实让人担心……

像妙妙和妈妈这样深度捆绑在一起的亲子关系，其实并不少见。这种亲子关系在家庭中超越了夫妻关系，限制了孩子的发展，使孩子依附父母、缺乏独立能力。一个家庭中，夫妻关系先于亲子关系产生，也应超越亲子关系存在。

亲子关系优先，是家庭教育的失策

良好的夫妻关系是亲子关系的基础。如果夫妻关系在家庭中处于最重要的位置，夫妻间相互扶持支撑的行为模式，也会影响到孩子的心理和情感，使孩子获得更多安全感。如果一个家庭将亲子关系凌驾于夫妻关系之上，必会影响夫妻之间的感情，破坏家庭的和谐，是家庭教育的失策。

● 亲子关系优先,会造成对孩子的过度关注

如果亲子关系是家庭核心,整个家庭的运转必然以孩子为中心。父母的过度关注,可能会让孩子过于依赖父母,忽视他人的感受。家庭以孩子为中心,家庭资源就会向孩子倾斜,这样会造成两种结果:要么使孩子觉得享受一切理所当然,要么使孩子承受过多压力,觉得亏欠父母。这些都对孩子的成长不利。

● 夫妻关系优先,孩子才能学到平等尊重

如果夫妻关系是家庭的核心,父母双方势必会在家庭中展现出平等、尊重、和谐的关系。孩子也因此能学会平等与尊重,并且不必承受由于父母一方过于强势带来的压抑。他们能从父母双方身上发现、学习他们的优点,拥有更多爱的能力。

静下心来当妈妈

让孩子退出家庭第一位置

让孩子退出家庭的重心，不是要忽视或冷落孩子，也不是要减少对孩子的爱与关注，而是在家庭中，要更强调夫妻关系的重要性，使孩子能够在父母共同的关注下成长。

1. 家庭中没有谁是特殊的。妈妈要教孩子明白，每个人都是家庭里的一员，没有谁是特殊的。家庭里每个人都有自己的责任和义务，孩子也并不是天然该享受父母的关照，也应分摊责任、关心父母。家庭中，每个人都是平等的，孩子并不是第一重要。

2. 父母才是孩子的希望。让孩子退出家庭的第一位置，可以让父母有更多自己的生活，找寻自己身上更多的价值，不再将所有的希望都寄托在孩子身上。一个健康的家庭，父母才是孩子的希望和倚仗，他们更应该活好自己，给孩子树立榜样。

知识点

1. 维护良好的夫妻关系。妈妈应将维护良好的夫妻关系当作经营家庭的第一责任，与爸爸互相尊重扶持，营造融洽幸福的家庭环境，为亲子关系的发展奠定好基础。

2. 不以母子（女）关系为中心。妈妈要让亲子关系退出家庭第一的位置，生活不再围绕孩子转，要将精力放一点到自己身上，自己有追求，才能成为孩子更好的榜样。

05 学会对孩子说"不"，孩子也要有界线

生活中，妈妈常常会遇到孩子向她们提出各种不合理的要求。如果孩子的要求得不到满足，他们就一直哭闹，而每当这时，妈妈都不知如何应对才好。

周末，小勇妈妈带他在游乐园玩，说好了四点钟回家。可是小勇玩起来收不住，过了时间还想再玩一会儿，就这样一次次拖延，都五点了，他还是不肯离开。而再不走，妈妈上夜班就要迟到了，她只好拉着小勇离开，小勇像疯了一样，一路上拖拽妈妈，大哭大闹，引得路人旁观……

类似的场景在生活中随处可见，是妈妈想极力避免的尴尬。如何有效地拒绝孩子，教会他们生活的界线，是值得每位妈妈认真学习的课程。

"不被允许"也是爱

妈妈爱孩子，并不能丧失原则和底线，一味地满足孩子的要求。现实中很多案例说明，如果一个孩子在早期没有接受行为规范教育，会对他的成长造成不可逆的危害。所以，妈妈们要学会勇敢坚决地对孩子说"不"，使孩子明白，妈妈的爱是有约束的，是理性的，"不被允许"也是爱。

● 妈妈说"不",孩子会树立明确的是非观

社会是由一定的规则和界线构成的。妈妈要从小就教育孩子,哪些事该做,哪些事不能做,这是培养孩子是非观的起点。针对孩子不合理的要求或错误的做法,妈妈要勇敢说"不",坚决拒绝。如果由于孩子一时的哭闹、祈求而心软,进而破坏规则,会使孩子误认为可以用自己的小手段挑战原则,从而失去明确的是非观。

● 妈妈说"不",孩子能学会建立良好的社会关系

如果孩子能从妈妈这里接受合理的拒绝,他就能学会什么是合理的需要,什么是过分的索求,区分什么情况下可以接纳他人,什么时候该拒绝他人。这些经验一点点累积起来,孩子就能慢慢形成独立的人格,建立起与他人有原则相处的能力,从而构建良好的社会关系。

第六章　爱要有度，培养孩子的独立性

如何为孩子树立界线

帮助孩子树立边界意识的过程中，妈妈的态度很重要。如果能和善温和地说"不"，坚决有力地拒绝，通常能达到更好的效果。下面是基于温和坚定基础上，拒绝孩子的小方法。

1. 用心说"不"，找准时机。妈妈不能一见到孩子做错事，就不分场合，立即对孩子说"不"。而要用心体察一下孩子的处境，认为时机合适再与孩子沟通。比如，孩子在公共场所哭闹，妈妈不宜当场大声训斥，可以先将孩子带到安静的地方，待他情绪平稳下来再说。这样，孩子能感觉到妈妈的拒绝不是随意的，闹是没有用的，妈妈绝不会让步。

2. 拒绝孩子的行为，不是拒绝爱孩子。妈妈拒绝孩子，针对的是某件事或某个行为，不能因为拒绝而排斥孩子，让孩子觉得被冷落，或觉得妈妈不爱自己了。妈妈对孩子说"不"时，不能带有敌对情绪，只对孩子说明拒绝的理由并讲清规则就好，不要说"你真讨厌"这种话，否则会让孩子感觉受到伤害。

知识点

1. 学会说"不"，帮孩子树立正确价值观。妈妈通过对孩子说"不"，教会孩子判断什么该做，什么不该做，从而树立正确的价值观。

2. 帮孩子树立界线。妈妈要用温和又坚决的态度拒绝孩子的错误行为，帮他们构建行为界线。温和让孩子体会到爱，坚决让孩子明白底线无法挑战。

06 适度放手，让孩子学会承担责任

责任心是一个人立足社会的基础。一个没有责任心的孩子，很难发展出成熟、健全的人格，长大后也很难取得成功。因此，妈妈们要重视孩子责任意识的培养。

妮妮妈妈是个医生，她在工作中严格要求自己，懂责任有担当。但妮妮的情况却让她非常担忧。家长忙想让妮妮帮忙洗洗碗，她说不想做；长辈生病了，她只顾自己玩，不会去关心一下；上学不是忘记带这个就是忘记带那个，常常要家长送过去；自己的房间乱乱的，不肯整理；还被老师投诉，值日时别的同学都在做事，她却在一边玩……妮妮妈妈很困惑，为什么妮妮会是一个这么健忘、自私的孩子？

其实，妮妮的表现，可以归结于她没有被培养起责任心。责任心的缺失，导致孩子自私、没有爱心、东西用品乱丢等行为。责任心是一种担当，是一种约束，也是孩子形成正确人生观的基础。让孩子学会承担责任，是每位妈妈都应该追求的教育目标。

适度放手才能增强孩子责任感

责任心是一个人成熟的重要标志，也是人际交往中不可或缺的重要品质。培养孩子的责任感，应贯穿于生活的每一个细节。妈妈在这个过程中，既不能溺爱，也不能放任自流，而是应适度放手，让孩子在实践中领悟自己的能力，进而学会承担责任。

第六章　爱要有度，培养孩子的独立性

● 溺爱和放任都会造成责任感缺失

溺爱的妈妈过度满足孩子的需要，事无大小全都代劳，致使孩子认为享受一切理所应当；放任的妈妈对孩子缺乏约束，忽略孩子的所作所为，致使孩子对规则视而不见。被溺爱的孩子不会对自己负责，不会爱护自己；被放任的孩子放纵自己，常会不自觉地犯错。这两种情况都使得孩子责任感缺失。

● 适度放手，让孩子独立又懂责任

适度地放手，是给予孩子探索不同经历与解决生活难题的机会。适当的磨难或小挫折，将助力孩子变得更加坚韧。在这样的历程中，孩子逐步培养了独立意识，锻炼了自主能力。通过适当的放手，母亲将承担责任的机会转交给孩子，让他们学会为自己负责，从而变得更加有担当和责任心。

静下心来当妈妈

怎样培养责任感

1. 教孩子力所能及的事自己做。妈妈切忌包办，要多给孩子自己做主的机会。先让孩子做力所能及的小事，再学会解决复杂的问题。孩子做好了，妈妈要一起分享他的成长；做错了，要教他为自己的行为负责。责任感是在点点滴滴的历练中积累起来的。

2. 抑制"解救"孩子的冲动。如果孩子常常丢三落四，比如经常忘记携带必需的文具、总是拖延或遗忘该做的事情，妈妈要沉住气，保持冷静，要控制自己想要干预的冲动，不要去做"扑火队员"，要让孩子自己去面对和解决这些问题。

知识点

1. 培养孩子责任感的重要性。责任心是一种担当，也是一种约束，是一个人成熟的标志，也是社会交往中不可或缺的品质。妈妈在生活中要适度放手，让孩子学会承担责任，形成正确的人生观。

2. 从小事培养孩子的责任感。培养孩子责任感，要从小事出发，让孩子从生活的点滴中去历练。让他们做力所能及的事，犯了小错误，妈妈不要急着去帮他"救火"，让他自己承担后果，想办法弥补，学会自己负责。

第七章　理性对待厌学问题，不强迫才能进步

01 孩子厌倦学习，妈妈要深刻反思

厌学，是孩子心里长期苦闷、压抑累积后，爆发出来的一种行为表现。它只是一个表象，背后掩盖了复杂的个人、家庭、学校等各方面的原因。

龙龙考上了一所重点初中，但是他刚读一个月，就不肯再去了。爸爸妈妈先是哄劝，答应他不想写作业可以不写，不想听课可以不听，只要每天还能到学校去就行。但即使这样，他去了几天还是放弃了。最后还扬言，逼他上学他就要跳楼。爸爸妈妈无计可施，只好让他休学在家……

面对龙龙这样的孩子，担心和焦虑都不能解决问题。妈妈要认真思考，找到孩子产生厌学行为的深层原因，采取及时的应对补救措施，陪孩子走出困境。

厌学大多同养育方式有关

厌学问题的形成不是一朝一夕的，孩子出现厌学行为时，心灵往往已经遭受了长期的压抑。而大多厌学问题，都同家庭养育方式有关。

● 长期训练，造成优秀的假象

很多厌学的孩子，成绩都是先好后坏，最后直接摆烂。前文案例中的龙龙也一样，他正是凭借优秀的成绩和特长，被重点中学录取。但他的优秀，是妈妈长期严格要求和培训班持续训练的结果。升入初中后，他很快跟不上节奏，倦怠感越积越多，学习动力一点点丧失，

直到厌学。

● 追求完美，导致心灵脆弱

有些孩子，从小在妈妈的高标准高要求下，养成"追求完美"的个性，学习也想争第一。一旦遇到困难或失败，他们内心就受到很大打击，无法面对，因此就干脆厌学，宁肯逃避，也不愿意承认自己的失败。

● 爱的缺失，压制学习动力

如果家庭中父母感情不和，当着孩子的面争吵，孩子感受不到父母的爱，情绪就会受到影响。这使得他们内心充满不安全感，学习动力受到压制，无法应对学习的困难，情况严重时，就会出现厌学行为。

妈妈改变，孩子恢复能量

要想让孩子恢复学习动力，妈妈首先要进行改变。只有迈出这一步，才能给孩子心理注入能量，使他们也随之发生改变。

第七章 理性对待厌学问题，不强迫才能进步

1. 改变要求，帮孩子设定目标。有的孩子从小就处在妈妈严格的规诫下，他们没有自己的爱好，人生目标也很空洞。"考个好大学"这样过大过远的目标对他们没什么激励作用。因此，妈妈要改变自己的要求，鼓励孩子找到他的兴趣，帮他进行自我定位，设置可以实现的小目标，引导孩子重新唤起学习的兴趣。

2. 改变认知，助孩子减少压力。妈妈要改变自己的认知，不让成绩淹没孩子身上的其他优点。孩子感受不到过大的压力，就会不再厌恶学习。如本节开头故事中的龙龙，妈妈后来不再提成绩，每天鼓励他生活中的小进步，经过一年后，龙龙便主动提出回校学习。

3. 改变心态，让爱在家庭流动。妈妈要改变焦虑的心态，减少内耗，多做一些提升自身价值的事。妈妈不紧绷，家庭气氛就会松弛。只要家庭恢复爱和情感的流动，孩子就能觉察到，他也会跟着平缓下来，慢慢生成学习的动力。

知识点

1. 识别深层原因，及时应对。孩子的厌学行为往往是心理长期压抑的结果，背后隐藏着复杂的个人、家庭和学校因素。妈妈需要认真思考，找到孩子厌学的深层原因，采取及时的补救措施，陪伴孩子走出困境。

2. 调整养育方式，激发学习动力。妈妈应该改变严格规训和高标准要求，帮助孩子设定切实可行的小目标，找到兴趣所在，并减少对成绩的过度关注。通过创造一个充满爱的家庭环境，减少孩子的心理压力，激发他们的学习动力。

02 发现孩子的潜能，不要错失机会

每个孩子都有自己独特的天赋才华，并在这一方面拥有强大的潜能。只是大多数孩子的才能没有那么显而易见，在生活中很难被自己或他人识别。

一位妈妈接到老师投诉，说她的孩子在学校扰乱课堂秩序，破坏学校公物。妈妈了解到，孩子时常有把橡皮筋缠到尺子上、用铁棍敲栅栏等行为。妈妈联想到孩子在家里，也因为吃饭敲碗、发呆时敲桌子等行为没少挨骂。妈妈没有发火，而是认真与孩子交流。孩子说他喜欢听自己制造出来的声音。妈妈这时才恍然大悟，原来别人认为的"噪声"，却是孩子精心演奏的乐曲。孩子的音乐才能就此被妈妈发现，他也在妈妈的帮助下，取得了不俗的音乐成就。

这个故事告诉我们，一旦孩子的天赋被发现，他们就可以顺势发挥自己的潜能，因而更容易取得成就。妈妈在日常生活中应该细心观察，认真倾听孩子的表达，只有这样才能识别出孩子的才华，启发他们发挥潜能，抓住成长的机会。

发现孩子潜能，让他成为更完整的自己

每个孩子都有自己潜在的才能。有一些看起来的"缺点"，换个角度去看，也许正是孩子的潜能所在。一个孩子找到、发挥自己的潜能，才会成为更完整的自己。

第七章　理性对待厌学问题，不强迫才能进步

● 发挥潜能，能点燃孩子内驱力

潜能可以点燃孩子内在的原动力，驱动他们在自己热爱的事情上，释放最大的能量去努力。妈妈对孩子的教育没有办法做到面面俱到，那就应该发现孩子的潜能，调整教育方式，重点引导孩子顺势而为、发扬优势，这样才能让孩子获得满满的自信和强大的内驱力。

● 发挥潜能，能使孩子更快乐

潜能是一个孩子独有的强项和特长，在某方面具有潜能，意味着他在这方面比别人更有优势。让喜欢韵律的孩子去跳舞，让模仿能力强的孩子去表演，让运动能力强的孩子去打球，无疑都是让他们展现自己的优势。展现优势，发挥潜能，孩子会有更大的价值感，也更容易取得成就，从而得到更多的快乐。

如何发现、唤醒孩子的内在潜能

孩子的潜能并非停留在表象,也不是固定、不可改变的。它不仅需要妈妈去发现、挖掘,也需要被引导和培养。那么,怎样去发现孩子的潜能呢?以下小方法值得尝试。

1. 全面关注,认真倾听。妈妈在生活中,可以仔细观察孩子的兴趣和性格特点,认真与孩子交流,倾听他们的心声,以此可以了解或推测他们的潜能。一般孩子对自己有优势的事情,会表现得主动、不由自主,也无须别人强迫。如果孩子做某件事非常积极,拦也拦不住,妈妈就可以关注辨别一下了。

2. 鼓励孩子多尝试多探索。妈妈可以给孩子提供更多机会,让他接触不同的活动和领域,接触不同的技能和知识。在这个过程中,妈妈要鼓励孩子尝试新事物,鼓励他们发挥想象力。这样,在实践的过程中,妈妈就可以引导孩子发现自己的才能和优势了。

知识点

1. 发现孩子潜能的重要性。妈妈发现并支持孩子的潜能,孩子会点燃强大的内驱力,得到更多快乐,收获更多自信,实现更大的自我价值。

2. 用心发掘孩子的潜能。妈妈在生活中,要对孩子全面关注,认真观察,发现孩子感兴趣的事;也要鼓励孩子尝试新事物,探索新领域,在实践中发现孩子的潜能。

03 望子成龙，需量力而行

"望子成龙，望女成凤"，寄托了父母对孩子深切的期待。这种期待本身并没有问题，但现实中，有些家长过于偏执，他们一方面希望孩子"出人头地""光宗耀祖"，另一方面又将自己人生的遗憾和未完成的使命也寄托在孩子身上，这给孩子造成了巨大的压力，致使孩子负重前行，身心饱受摧残。望子成龙，始终应该量力而行。

雯雯是个聪明伶俐的孩子，她从小对花花草草很感兴趣。她的妈妈年轻时想当医生，没能实现，因此，一心想让雯雯从医，能成为"声名显赫"的名医。为此，她一直对雯雯要求严格，几乎不让她有自己的休息和娱乐。高考时，雯雯瞒着妈妈，偷偷填了一个园林设计专业，并被录取。没想到妈妈大发雷霆，执意不许雯雯就读，而是逼她复读，重新考取名校的医学专业。雯雯复读后不久，因不堪忍受内心的压抑和复读的压力，患上了严重抑郁症。

雯雯妈妈的行为，既自私又疯狂，不仅害了雯雯，也伤害了亲子关系。只有掌握"望子成龙"的正确方式，才能使孩子身心健康发展。

合理期待才是对孩子的全然接纳

妈妈对孩子的成长总会抱有期望，但这种期望要符合孩子的发展状况，不能超出他们的能力。期待过高，孩子会背上过重的包袱，产生较大的压力，滋生不良情绪。

● 过度期待，孩子成长反被束缚

妈妈对孩子期望过高，孩子总是达不到妈妈的要求，内心就会生出很多负面想法。比如："妈妈爱的不是我，而是优秀的我。"这种负面想法让孩子认为自己没有被无条件接纳，内心产生焦虑或逆反。妈妈的高期待，还会让孩子承受过重的压力，明明自己能力一般，却还得配合妈妈去呈现出优秀的一面，长此下来，孩子倍感身心疲惫。

● 过度投入，教育效果适得其反

对孩子期待过高，家庭资源必然向孩子倾斜，大量投入在孩子的教育上。对孩子来说，这种过度投入会让他背负过大压力，觉得亏欠父母；对家庭来说，大额的教育投入也会带来巨大的经济负担，不利于家庭的稳定。

第七章　理性对待厌学问题，不强迫才能进步

怎样建立合理期待

妈妈放下"望子成龙"的执念，对孩子寄予合理的期望，才是对孩子的关爱和鼓励。那么，怎样来建立合理的期待呢？

1. 建立合理的目标。合理的期待，需要根据孩子自身能力的具体情况来确定。妈妈给孩子设定的，应该是通过认真努力就能实现的目标。这种目标，既有挑战意义，又使人充满希望。同时，设定目标时要尊重孩子的个性和兴趣，而不是迎合妈妈的喜好。

2. 关注努力的过程。孩子成长的路上，过程往往比结果更重要。妈妈要更多关注当下，看到孩子的努力并给予鼓励，引导孩子做好眼前该做的事。"只管耕耘，莫问收获"，顺其自然，或许会水到渠成，"不望"而孩子自会"成龙"。

知识点

1. 建立合理期待。妈妈对孩子的成长总抱有一定的期望。期望过低，会让孩子放松对自己的要求，缺乏上进心、自信不足；期望过高，又会给孩子压上沉重的思想包袱，影响孩子情绪。只有建立合理的期待，才是对孩子的全然接纳。

2. 放下对"成龙"的执念。妈妈放下对孩子"成龙"的执念，给孩子设定他们感兴趣又够得到的目标，关注孩子努力的过程，孩子自会长成他该有的样子，"不望"而"成龙"。

04 越是紧盯，越是成绩差

尽管现在提倡素质教育和综合发展，但在一些妈妈眼中，学习成绩仍然非常重要，因为它关系到孩子的未来。一旦孩子的成绩不好或有所下滑，妈妈们往往会感到非常焦虑和不安。

小林是个热情开朗的孩子，他关爱同学，热心参加各种活动，深受老师和同学的喜爱。但是小林的学习成绩一直平平，妈妈急得不得了，只要他在家，就逼着他学习，不停给他灌输成绩必须拔尖的思想。可是妈妈越是看得紧，小林成绩就越下降，仿佛进入了恶性循环……

这个事例中，小林成绩的下降，其实很大程度上是妈妈造成的。妈妈过分关注他的成绩，将自己的焦虑传递给了他，导致小林思想压力越来越大，自信心备受打击，成绩不升反降。可见，妈妈盯得太紧，对孩子的成绩有害而无利。

为什么成绩越盯越糟糕

● "盯"是对孩子的干扰

妈妈盯着孩子，目光聚焦在孩子身上，会使孩子紧张、不自在。有的妈妈还担任"监工"的角色，不时指出孩子的错误，催促孩子的速度。这种情况下，孩子必然无法专注。所以，妈妈的"盯"，实际上对孩子的干扰。

● "盯"使孩子能力丧失

妈妈盯着孩子学习时，遇到孩子有错题，常常立马指出，教他改正。

孩子写完作业，也是把本子推给妈妈，帮他检查。妈妈做得多，孩子就做得少。这使孩子渐渐产生依赖心理，不愿意再自己去思考、去探究，渐渐丧失自主学习的能力。

● "盯"使孩子产生逆反

如果大人做一件事，旁边有人一直盯着，心里是不是会不舒服？孩子也一样，妈妈一直坐在旁边，盯着他学习，他心里也会产生抵触情绪。如果妈妈再时不时唠叨几句，找点他的错误，他就会更加逆反，甚至会故意跟妈妈反着来，激怒妈妈。长此以往，亲子关系都会受到影响。

妈妈放手，成全孩子自主学习

有的妈妈觉得自己盯着孩子他都不好好学习，如果放手，他岂不是不学了？其实，这种想法是错误的。如果妈妈放手，相信孩子，孩子反而更轻松。他们因为并不想辜负妈妈的信任，而更愿意努力，更想管理好自己。

1. 抓大放小，相信孩子自己能做好。妈妈的目的是让孩子养成良好的学习习惯，能够自主学习。妈妈紧盯孩子，反而是干扰他的习惯，禁锢他的自主性。所以，妈妈要抓大放小，不要一见到孩子的小问题就立马打断，上纲上线，要给予孩子充分的信任，适当放手，让他们自主学习。

2. 盯松管少，给孩子成长的空间和时间。妈妈紧盯孩子，会使孩子失去试错的机会，难以学会自立。妈妈紧盯，会破坏孩子的私人空间，有时会干扰孩子的连贯思考。所以，妈妈要适当盯松管少，给孩子足够的私人空间和时间，培养他们的自立、专注能力，这才是对孩子正确的关心。

知识点

1. 过度关注成绩反而适得其反。妈妈过分关注孩子的成绩，常常会将自己的焦虑传递给孩子，造成他们的思想压力增大，自信心受挫，最终导致成绩下降。因此，妈妈盯得太紧，对孩子的成绩有害而无利。

2. 放手让孩子自主学习。妈妈应适当放手，相信孩子能够自主学习。紧盯孩子不仅会干扰他们的学习习惯，还会剥夺他们的试错机会和独立思考能力。通过给予孩子足够的信任和私人空间，能够帮助他们培养自立和专注的能力，真正促进他们的成长。

05 讲述名人故事，激发学习兴趣

现在的孩子，虽然能接触到的事物五彩纷呈，能参加的各种学校和社会的活动也丰富多彩，但他们却时而感到压力大，觉得生活迷茫无趣，每天打不起精神，缺乏学习和生活的动力。

凯凯是一个五年级的男孩。虽然生活中得到万千宠爱，父母对他的要求也没有过分严格，但他每天都是一副无精打采的样子，每天闷闷的，觉得什么事都没意思，学习也没有动力。一次家庭聚会上，大人们谈起中国的航天发展，给凯凯讲述了"中国航天之父"钱学森的故事。钱学森是中国航天事业的奠基人之一，由于他回国效力，中国导弹、原子弹的发射向前推进了至少20年。没想到凯凯这次听进去了，而且很受震撼，与家人进行了热烈的讨论。从此之后，凯凯对航天知识产生浓厚的兴趣，对学习的兴趣也越来越大，成绩进步可大了。

凯凯的故事给了我们启发，当孩子感觉生活无趣，缺少活力时，妈妈可以试试通过讲述名人故事的方法，给孩子带来鼓舞和激励，增加他们学习的兴趣。

榜样的力量是无穷的

名人之所以成功，是因为他们身上具备超出常人的良好习惯和优秀品质，他们是值得所有人学习的榜样。分享名人故事，就是将榜样的力量传达给孩子，用榜样的力量激发出孩子内在的动力。

● 改变孩子的学习态度

居里夫人生活虽不富裕，但她内心充满了对知识的渴望。她和丈夫居里一起，在极其艰苦的条件下，不断实验，最终在放射性元素研究方面取得了重大成果。在她的指导下，人们第一次将放射性同位素用于癌症治疗。这样的故事，使孩子听了以后明白，成就不是依靠优越的外界环境获得的，而是依靠努力和坚持。孩子受到启发，就会改变自己的学习态度，不怕挫折，勇于钻研。

● 帮孩子树立远大志向

美国的莱特兄弟，对飞行充满了梦想。他们经过坚持不懈地试验和创新，实现了人类飞上天空的梦想。这样的故事告诉孩子，无论面对什么样的困难，都要勇敢追梦。孩子受到激励，找到了人生的榜样，也会树立起自己的远大志向，并为之去努力和拼搏。

第七章　理性对待厌学问题，不强迫才能进步

讲述名人故事也要有技巧

给孩子讲述优秀人物的故事，是一种有效的教育方法。在日常生活中，妈妈们要找到合适的技巧，通过名人故事，引导孩子热爱学习，树立正确的价值观。

> 1. 选择能引起孩子兴趣的故事。妈妈要选择适合孩子年龄和兴趣的故事，尽量选择和孩子当下情况相似的故事。这样的故事更能引起孩子的共鸣，具有更大的力量，更容易使孩子从中得到启示。
> 2. 只讲故事，不谈道理。妈妈给孩子讲完故事后，让孩子自己去体会和思考就可以了，没有必要再给孩子讲道理。故事本身也没有固化的意义，每个人的理解和感受都不同，孩子自己会从故事中汲取自己需要的营养。

知识点

1. 榜样的力量激发内在动力。名人故事展示了成功人士的良好习惯和优秀品质，能够激发孩子的内在动力。通过分享名人故事，可以使孩子从中学到努力和坚持的重要性，改变学习态度，并树立远大的志向。

2. 巧妙选择和讲述名人故事。妈妈应选择适合孩子年龄和兴趣的名人故事，以引起孩子的共鸣和兴趣。讲述过程中应避免直接讲道理，让孩子自己去体会和思考，从故事中汲取所需的营养，这样更能有效地引导孩子热爱学习，树立正确的价值观。

06 创造轻松环境，让学习变得有趣

在许多孩子的感受中，学习往往是与枯燥、乏味划等号的。看不完的书，做不完的习题，考不完的试，达不到的分数，这些都让孩子对学习感到畏惧和恐慌，致使他们一想到学习就望而却步，失去热情和自信。

晓晓妈妈喜欢打麻将，爸爸喜欢看电视，晓晓每天放学，家里都很吵闹。晓晓便躲在房间玩手机，一提起学习就头疼，成绩很糟糕。在一次老师的家访后，爸爸妈妈意识到学习环境的重要，下决心改变。他们不再请客人到家里，每天给晓晓收拾好房间，给他一个安静的环境，还与他一起探讨学习问题。晓晓渐渐觉得学习也没有那么单调，成绩很快提高了不少。

从晓晓的经历中我们看到，学习环境影响着学习效果。轻松愉快的家庭氛围和舒适安静的环境，有助于提高孩子的学习兴趣，让孩子更主动地投入学习中。

轻松环境对学习的重要性

学习氛围的优劣，对孩子的学习质量有着至关重要的影响。当孩子处于紧张压迫的环境时，他们内心难免感到焦虑不安，无法心无旁骛地投入学习。相反，在一个轻松宁静的环境中，孩子必定能心态放松，专注地投入学习中。

第七章　理性对待厌学问题，不强迫才能进步

● 轻松的环境能增强学习兴趣和动力

妈妈可以尽力为孩子创造一个舒心宁静的环境，营造一种温馨悠闲的氛围。这样的环境能激发孩子的学习热情，唤起他们的学习兴趣，还能增强他们主动探索知识的欲望，从而提升他们学习的内驱力。当孩子学习的主动性增强了，学习也就变得有趣多了。

● 轻松的环境能缓解孩子的情绪和压力

轻松的环境不仅指客观上的简约舒适，也指氛围上的和谐宽松。妈妈要与孩子间进行顺畅平等的交流，给孩子提供及时的帮助和支持，提升孩子的安全感和幸福感。在一个松弛愉悦的氛围中，孩子摆脱了压迫感，身心得到舒缓，从而可以有效地调节自己的情绪，缓解学习压力。这样孩子就能保持乐观积极的心态，学习兴趣自然也就被激发出来了。

静下心来当妈妈

如何创造轻松的学习环境

环境如此重要，怎样在有限的条件下，为孩子打造一个轻松的学习环境呢，下面分享两个小技巧。

1. 创造整洁的学习空间。妈妈要给孩子安排一个固定的学习区域，收拾得简洁整齐，并尽量减少外界干扰。在孩子学习时，妈妈要与孩子一起合理安排学习时间、制订学习计划，引导孩子实现劳逸结合。一个安静、整齐的环境，不仅能增强孩子的注意力，还能提升学习的专注度，有利于孩子养成良好的学习习惯，激发他们对学习的兴趣。

2. 营造积极的家庭氛围。家庭氛围对孩子的学习有着重要影响。和谐而积极的氛围，不仅可以让孩子感受到关心和支持，还能实现良好的亲子互动。妈妈应努力营造一个温馨向上的家庭氛围，在这里，家庭成员间互相关怀、鼓励，彼此分享学习经验和感悟。这样的环境，可以有效地增强孩子的学习动力，增加他们的学习兴趣。

知识点

1. 学习环境的影响。一个宁静、舒适的环境可以增强孩子的学习兴趣和动力，帮助他们专注于学习，提高学习的主动性和效率。相反，嘈杂或紧张的环境可能使孩子感到焦虑，无法专心学习。

2. 如何营造轻松环境。固定的学习区域应简洁有序，以减少外界干扰，同时要合理安排学习时间和计划实现劳逸结合。积极的家庭氛围能通过和谐互动和相互支持，增强孩子的安全感和幸福感，从而激发他们的学习兴趣和动力。

第八章　这些话，妈妈千万别说

01 "你真笨"

生活中，一些妈妈可能因为一时生气或不耐烦，对孩子脱口而出"你真笨"这三个字。这看似简单的评价，可能对孩子的自尊心和心理健康造成难以估量的伤害。

亮亮是妈妈口中的"笨孩子"。他记得两三岁时，有一天他想喝酸奶，就自己搬了个小板凳去冰箱里拿，一大瓶酸奶他拿不起来，不小心摔到地上，偏巧酸奶的盖子没盖好，酸奶洒了一地。妈妈走过来看到一地的酸奶，很生气地说："你怎么这么笨？"亮亮既害怕又委屈，放声大哭。从那之后，他就无数次听到妈妈说他笨："真笨，这么简单的题都不会""真是笨手笨脚"。甚至在外人面前，妈妈也会说："亮亮是个笨孩子，脑子不灵光的"……

"笨"，似乎成了亮亮的第一标签。这个标签，不仅削弱了他的自信，也导致他时常在面临挑战时产生自我怀疑和恐惧感。生活中，"你真笨"这几个字，绝不能轻易对孩子说出。理解和包容孩子的成长过程，选择更积极和建设性的沟通方式，才是妈妈真正需要践行的。

规避"你真笨"的暗示效应

在本书前面章节中，我们探讨过，当孩子被贴上负面标签时，会给他的心理造成暗示效应，使他向着负面标签的方向去发展。负面标签会导致孩子自卑，妨碍他们的探索。"你真笨"就是负面标签的一种，要避免用在孩子身上。

● 越赏识，孩子越聪明

爱因斯坦说过："期望得到赞许和尊重，它根深蒂固地存在于人的本性中。"每个孩子都渴望被赏识和肯定。妈妈说孩子笨，就会得到一个缺乏自信的笨孩子，相反，妈妈对孩子多进行鼓励和肯定，就能使孩子的态度逐渐积极，一点点进步起来。越赏识，孩子会越聪明，渐渐走出"笨"的阴影。

● "笨"一点又何妨

曾国藩曾说："天下之至拙，能胜天下之至巧。"有的时候，"笨"只是孩子的一种特点，而不是缺点。比如，有的孩子语言能力强，嘴巴灵巧，也有孩子不善言辞、"笨嘴笨舌"，但他思维沉稳、遇事冷静。有的孩子擅长短时记忆，记东西很快，也有的孩子就"笨"一点，要花很多时间才能记住，但他记住了就不容易遗忘。相比之下，笨孩子更愿意努力、下苦功夫。"笨"一点又何妨，接受笨拙，可以走一条更能坚持、脚踏实地的路。

第八章　这些话，妈妈千万别说

更好的表达方式

在面对孩子做事慢、反应慢等情况时，妈妈要换一种方式表达，以免让孩子觉得自己笨。

1. 寻找替代表达。妈妈可以尝试去寻找一些替代方式表达"你真笨"。比如，"别着急，我们看看别人是怎么做的""你再试试"。有时也可以给孩子贴上正面标签，比如孩子练习跳远有进步时，可以说"原来你也是个小飞人啊"。

2. "强调努力法"。不要轻易对孩子说定性的评价，定性后是很难改变的。要引导孩子意识到，事情通过努力是可以改变的。比如，孩子用很长时间完成手工，妈妈不要说"你动手能力太差"，而是说"你可以努力快一点的"。"动手能力差"对孩子来说无法改变，而"努力"是可以自己把握的。

知识点

1. 不让"笨"成为孩子的阴影。不要给孩子贴上"笨"的标签，要多对孩子进行鼓励和肯定，孩子都是越赏识越聪明的。同时，妈妈要接受孩子的"笨"，也要引导孩子自己接受，"笨"只是一个特点，而不是缺点。

2. 多用替换性说法。在想对孩子说"笨"时，要尝试用替换性说法，用正面的语言去表达，让孩子意识到，他的行为是可以改变的。

02 "再这样，妈妈就不喜欢你了"

不少妈妈在愤怒、失望的时候，会对孩子说出"你再这样，我就不喜欢你了"这句话。在养育中，这是一种非常不恰当的表达，可能会对孩子的心理发展造成很大的负面影响。

妮妮在吃饭时，不想吃肉，就把肉夹出来扔到桌子上。妈妈制止了她两次，她还是这样做。妈妈很生气，严厉地对她说："你再这样，我就不喜欢你了。"妮妮本来正为自己的举动扬扬得意，听到这话，突然震惊得停住了手，瞬间大哭起来。妈妈顺势说："你还敢不敢扔了？"妮妮摇摇头。妈妈也像解决了个大难题一样，又重复一次："再不听话，就不喜欢你了。"

这种场景并不陌生。"不再喜欢你"这句话似乎成为一些妈妈用来制服孩子的妙招。事实上，妈妈虽然达到了自己的目的，但这种威胁、恐吓的手段，却给孩子带来了深深的伤害。

以爱要挟会给孩子带来伤害

"不再喜欢你了"这句话隐含的意思是：只有听话，妈妈才喜欢你。对于孩子来说，妈妈的爱不再是无条件的，而是以自己的服从、乖巧为前提。妈妈的爱变成了威胁孩子的手段，这样做给孩子带来的伤害主要有下面两种：

● 使孩子失去自我价值感

孩子生理、心理上都很弱小，尤其依赖妈妈。妈妈用"不喜欢"

第八章　这些话，妈妈千万别说

来威胁，会给他带来很深的害怕和恐慌。因而，孩子会变得很顺从，只做让妈妈高兴的事，不敢反抗妈妈的权威。久而久之，他们的独立和个性发展受到压抑，他们的自我需求要取决于妈妈的喜好，这使得他们失去了自我价值感。

● 使孩子失去安全感

当孩子认为"自己想得到妈妈的喜欢是需要条件的"时，他们就会长期处于一种害怕失去的不安之中，内心很没有安全感。而一个没有安全感的孩子，通常不敢坚持自己的主见，宁肯忍受自己的不快也想讨好他人。因而他们自信度越来越低，在社交中表现出低自尊、低社交能力的特征，没有办法形成健全的人格。

143

更好的表达方式

1. 把孩子个人和他的行为分开。妈妈需要纠正孩子时，把"我不喜欢你了"改成"我不喜欢你的行为"，这就将孩子个人与他的做法分开了，不会再伤害到孩子。孩子内心会树立起一道安全屏障：只要改正行为即可，妈妈依然是喜欢自己的。

2. 把孩子行为和自己的希望结合。妈妈说出"不再喜欢你了"这样的话时，是因为个人情绪起了很大的波动。情绪激动时，最容易说出伤人的话。所以，妈妈要先安顿好自己的情绪，冷静下来，把自己希望孩子做到的事，和孩子的行为结合在一起，明确地向孩子传达自己的要求。比如说："你把肉扔到桌子上，是对食物的浪费。妈妈希望你做一个珍惜食物的人。"这样说，孩子有可能还是不听，但至少已经让他知道自己的错误了。

知识点

1. 不能用爱威胁孩子。妈妈用爱威胁孩子，实际上给孩子造成"只有听话才配得到爱"的心理感受。为了得到爱，他们会表现得顺从、讨好，久而久之，便会失去自我，没有主见，失去价值感和安全感。

2. 先安顿情绪，再合理表达。当妈妈需要纠正孩子的错误时，先要冷静，把孩子个人和他的行为分开，表达出自己不喜欢的是他的行为，也可以明确描述出他的行为带来的后果，说明自己的希望，使孩子清醒认识到自己的错误。

03 "你一点礼貌都没有"

几乎所有的妈妈都希望自己的孩子说话得体，有礼有节。的确，一个有礼貌的孩子更能得到别人的喜爱和称赞。因此，当孩子在别人面前表现得没有礼貌时，妈妈们就会觉得失了面子，常常当着众人指责孩子"你一点礼貌都没有"。殊不知，这句话会伤害到孩子幼小的心灵。

妈妈带霖霖参加家庭聚会。一道霖霖喜欢的菜上来了，霖霖伸手去夹了几次。妈妈小声提醒："得让长辈先吃呢。"停了一会儿，霖霖又去夹，妈妈脸上挂不住了，直接呵斥她："怎么这么没有礼貌，吃起来没完没了。"霖霖先是一怔，紧接着红了脸，但她不仅没有认错，反而说："我不吃行了吧？"说完把筷子往桌上一扔，就走了出去，弄得一桌人都有些尴尬。

霖霖妈妈觉得很恼火，孩子没有礼貌，她指出来，孩子不但不听，还发脾气。到底是为什么呢？

孩子错了也不能当众指责

当众指责孩子"没有礼貌"，看似为了规范孩子的行为，其实也是为了妈妈挽回自己的面子，为了表明"我是在教孩子礼节的，她没做到不是我的错"。但这种简单粗暴的方式，只考虑了妈妈自己的脸面，却没有顾及孩子的尊严。

● 伤害了孩子的自尊

当众指责孩子没有礼貌，忽视了孩子的心理感受。孩子被当众斥责，内心会感到羞愧，自尊心会受到极大伤害。有的孩子会因此留下自卑的种子，觉得在别人面前再也抬不起头来，有的孩子，会表现出逆反，用更加放荡不羁的行为来掩饰对他"没有礼貌"的指责。上面案例中的霖霖，就是通过扔筷子、离席这样更没有礼貌的行为，来表达对妈妈的不满。

● 忽略了孩子的成长需求

有的孩子在外人面前表现局促、不打招呼等行为，其实并不是孩子没有礼貌，而可能是孩子天性腼腆，在不熟悉的环境中有些不安。这时，如果妈妈用"你真没有礼貌"这样的语言对孩子进行斥责，就是完全没有意识到孩子的成长状态，更没有理解孩子的心情，只会加重孩子的社交焦虑，让他们紧张不安。

第八章　这些话，妈妈千万别说

更好的表达方式

孩子有礼貌，不是一时一刻的事，而应该在日常生活中，一以贯之。妈妈要以身作则，用自己的行动带动孩子。同时，在教育孩子时，也要讲究表达技巧。

1. 使用正面的语言。纠正孩子没有礼貌的行为时，妈妈用正面的语言直接表达，而不用否定的语言。比如孩子打断大人的谈话，不说"打断别人谈话很没有礼貌"，而是说"我想把话讲完，请你等一等"。这样明确又正面的语言，更容易让孩子明白和接受。

2. 注重"礼貌"的内涵。礼貌的真正意义在于体现人与人之间互相尊重、互相关心的交往准则。懂礼貌不只体现在表面的言行，更体现在内心对他人的尊重和真诚。妈妈在纠正孩子没有礼貌的行为时，应清楚表达出礼貌的内涵，促使孩子从内心理解和接受。比如对孩子说："你得对阿姨说谢谢呀，这么热的天，她特意给你送来学习资料，很辛苦。"这样孩子就很清楚为什么要对别人有礼貌了。

知识点

1. 不要当众指责孩子。孩子由于性格腼腆或思虑不周表现出没有礼貌的行为时，不能当众斥责她，以免伤害孩子的尊严或是引起孩子的社交焦虑。

2. 用积极方式指正孩子。纠正孩子没有礼貌的行为时，要用正面的语言表达，要表达清楚需要礼貌的内在原因，使孩子发自内心地表现出礼貌行为。

04 "看看别人的孩子，多优秀"

平日里，一些妈妈们总爱把"看看某某多优秀""看看谁谁多懂事"这类话挂在嘴边。她们没有意识到，用这种比较的方式对孩子说话，会让孩子内心失落，甚至反感。

放学了，佳佳兴高采烈地拿出试卷对妈妈说："妈妈，看我考了98分，全班只有彤彤比我高，她是99分。"等着妈妈表扬的佳佳，却听到妈妈说："你怎么没考100分呢，你要是100分，不就是第一了吗？"见佳佳脸上的兴奋消失了，妈妈又补充道："姐姐像你这么大时，经常考100分，你还一次都没有呢。"这时，佳佳脸上的光彩彻底黯淡了下去……

这样的场景在生活中并不少见。妈妈的本意，是希望佳佳谦虚一些，或许也是想鼓励佳佳更加进步。但是从佳佳的角度，她接收到的信息是："妈妈对我不满意""我不如姐姐"，感受到的是比较和否定，因此才会伤心难过。

"比较"是对孩子的伤害

现在的孩子，本身就处在激烈的竞争之中，内心压力很大，当他感觉到妈妈也在拿他去跟别人比较，并且还是跟自己比不过的人去比较时，内心的沮丧和无力感可想而知。

● "比较"让孩子心生自卑

每一个孩子都希望得到来自妈妈的肯定。孩子对自己的认识，来

第八章　这些话，妈妈千万别说

源于外界的评价，尤其是与自己最亲密的妈妈的评价。如果孩子感觉被妈妈打击，或没有得到妈妈的肯定，他就会陷入自我否定和不安的情绪中，自信会被一点点摧毁，久而久之，变得越来越自卑。

● "比较"使孩子产生嫉妒

如果妈妈经常拿孩子去跟特定的人比较，孩子就会对比较的对象产生嫉妒心理，严重时会萌生恨意。这使得他们不能正确看待朋友的成就，内心过于狭隘，不仅不利于自身人格发展，也会伤害到人际关系。

更好的表达方式

妈妈想激励孩子向优秀的同伴学习时，不能用贬低、对比的话去刺激孩子，而是应该用一些正向、积极的表达方式。

1. 鼓励孩子超越自己。世上没有完全一样的孩子,聪明的妈妈,不会拿自己的孩子去跟别人进行对比,而是会让孩子与自己的昨天进行比较。每天进步一点点,超越昨天的自己,就是优秀的孩子。当妈妈想说:"看看别人多优秀,你怎么就不如别人"时,可以换种说法:"你这次在书写方面比上次好,也比某某做得好,我感到骄傲。在基础知识方面,我认为你也有能力提高。"

2. 关注孩子的"长板"。每个孩子都是与众不同的,有自己的特点,有自己的优势和不足。聪明的妈妈都是因材施教,不拿孩子的"短板"去跟别人比较,而是看到孩子的长处,鼓励他们发挥自己的优势。比如会这样说:"某某得了一等奖,我们看看能不能找到他比你做得好的地方。但唱歌方面,我觉得你会是一等奖。"

知识点

1. 不要让"比较"伤害孩子。妈妈有意或无意地通过语言拿孩子跟别人比较,会给孩子带来一定的压力,使他们形成自卑心理,也会使孩子产生对比较对象的嫉妒心,不利于孩子人格的健康发展。

2. 采用积极、正向的鼓励。妈妈想激发孩子的上进心时,要多鼓励孩子跟自己的昨天进行比较,只要每天进步一点点,就是在成就更好的自己。妈妈也要鼓励孩子多看到自己的长处,发挥自己的优势。而不要试图用刺激的语言或方式去激起孩子的斗志,那样只能适得其反,引发孩子的逆反。

05 "为这点小事儿，至于吗"

孩子的情绪来得快，去得也快。所以很多时候，对孩子的情绪，妈妈觉得没必要太在意。她们时常对孩子说："就这么点小事儿，别哭了。""没什么大不了的，不至于。"殊不知，妈妈们认为的小事，却有可能是孩子一生抚不平的伤疤。

桐桐一直觉得生活无趣，每天过得空虚而无意义。其实，在同事眼中，桐桐是个善解人意、很有才华的姑娘，只是有点孤僻。桐桐陷入空虚孤寂时，也曾反思过自己为什么会这样，她觉得跟妈妈有很大关系。小时候，一次表妹来家里玩，喜欢上她最心爱的娃娃，想要拿走。桐桐不同意，妈妈硬是把娃娃抢过来送给了表妹。后来，见桐桐哭起来没完，妈妈说："这么点事儿，至于吗？"其实那个娃娃是桐桐最好的朋友。还有一次，桐桐生病了，她忍不住哼哼几声，妈妈说："死不了的病，至于吗？"……

"至于吗"几乎成了妈妈一个口头禅。在这三个字面前，桐桐的一切，都变得不足挂齿。

其实，桐桐的分析没有错，正是因为成长过程中，妈妈对她情感的忽略，才导致如今的桐桐自卑、懦弱、缺乏价值感。"至于吗"三个字，妈妈千万不能对孩子说。

"不至于"是对孩子情感和感受的漠视

有时候，妈妈眼里的小事，在孩子眼中可能至关重要。孩子伤心难过，大人却说一句"没什么大不了"，看似在安慰孩子，其实是对孩子感受的忽略和漠视，对于孩子来说，听了反而更加受伤。

● "不至于"堵塞了孩子情绪的出口

孩子生理和心理都没有发育成熟，有时候需要通过强烈的情绪来表达情感，也很希望自己的情绪能被妈妈懂得和看见。如果妈妈说一句"不至于"，等于是没有共情孩子的痛苦，不承认孩子的感受。这使得孩子想要释放的情绪生生被堵住，郁积的情绪得不到疏导，会成为孩子挥不去的阴影。

● "不至于"造成孩子内心空虚和自我怀疑

如果一个孩子的感受被长期忽略，他们会认为是因为自己不够好，不值得被重视，才导致妈妈看不到他的感受。这种不切实际的自我评价，使孩子变得自卑、懦弱，更加不敢表达自己的情绪。长期之后，孩子便丧失了对自己真实感受的敏感，对自身价值产生怀疑，陷入内心空虚的泥潭。

第八章　这些话，妈妈千万别说

更好的表达方式

在孩子需要妈妈的安慰时，妈妈要看到孩子的真实情绪，用合适的语言，给出积极的回应，这样才能起到安慰的作用。

1. 理解接纳。孩子在有情绪时，不管事情大小，他内心的感受是真实的，痛苦也是真实的。妈妈首先要理解、肯定他的情绪，对孩子的情绪进行接纳。比如，对孩子说："我看到你现在很难过""如果是我，我也会很气愤。"

2. 鼓励倾诉。在接纳了孩子的情绪后，妈妈要引导孩子说出内心感受，认真倾听，给予支持。比如，"告诉我什么地方让你这么难过""我能做点什么"。通过这样的引导，孩子的情绪应该会得到缓和。

知识点

1. 不要忽视孩子的感受。事情有大小，但是人的感受却不能用事情的大小来衡量。妈妈看起来的小事，对孩子的伤害却可能巨大。在安慰孩子时，不要让"不至于"堵塞孩子情绪的出口，造成孩子的自我怀疑与空虚感。

2. 先肯定情绪，再引导情绪。妈妈想安慰孩子时，要先肯定、接纳他的情绪，再给予具体的引导和支持。这样，孩子的情绪才能得到宣泄和疏导。

06 "不要逼我动手"

在现代家庭养育中，不对孩子使用暴力，已经是很多妈妈的共识。但妈妈们容易忽略的是，暴力不单是指行动上的，语言上的暴力、威胁也会对孩子身心健康造成伤害。

丁丁妈妈在收拾房间时，发现丁丁床底下有个纸盒子，里面的东西让妈妈吓了一跳。原来，盒子里是一些玩偶、娃娃等的"残肢"，有被剪刀剪碎的，有用硬物敲碎的，有用力扯碎的。可以看出，这些玩偶经受了严重的"暴力伤害"。后来，经过心理老师解释，妈妈才明白，丁丁是想通过这样的行为，把内心的"暴力情绪"发泄出来。丁丁为什么会郁积如此强烈的暴力情绪呢，原来是妈妈在对丁丁管教时，非常严厉，经常会说"让你爸爸抽你一顿""不要逼我动手"之类的话，虽然并没有真的经常打丁丁，但这种威胁也给丁丁内心带来了巨大的伤害。

对孩子使用暴力威胁进行管教是一种严重不当的行为，会导致孩子产生恐惧和焦虑，甚至可能引发抑郁情绪。

暴力威胁限制了孩子的发展潜力

"再不听话，我就要动手了"是一种典型的暴力沟通方式，也是一种单向沟通。在这种情况下，妈妈单向传达了自己的权威和暴力倾向，而孩子却没有胆量进行反驳。因此，对孩子使用暴力威胁是不公平的，也是孩子难以接受的。

● 会使孩子能力发展受阻

对孩子进行暴力威胁，孩子会为了躲避暴力而选择暂时服从，但他内心会充满恐惧和不安。他既无法接受妈妈的行为，又没有反抗的能力，长期下去，可能会陷入焦虑、自卑的情绪中。这使孩子在面对其他社会关系时，也难以与他人共情。另外，暴力威胁下，孩子难以发展自己的个性和独立思维，表现得软弱、没有主见，这也限制了孩子其他能力的发展。

● 会使孩子将暴力行为内化

妈妈对孩子经常使用暴力威胁，有可能使孩子对暴力的理解产生偏差。他们会认为，暴力是与他人互动及解决问题的一种正常方式。这可能导致孩子将暴力行为内化，在自己面对冲突或与人交往时，也采用暴力的方式。除此之外，孩子在面对压力时，也很容易像躲避妈妈的暴力威胁一样，选择逃避来应对压力。

更好的表达方式

当妈妈需要孩子听话时，与其怒斥或威胁孩子服从，不如选择更温和的表达方式，让孩子心服口服。

1. 倾听孩子的争辩。妈妈将威胁的话晚几秒再说，先给孩子一次争辩的机会。聆听孩子的声音，是对孩子的一种尊重。当给过他机会后，仍然无法接受他的想法，也要将威胁语气转换成建议口吻，不要让孩子感到太大的压迫感。比如，不说"再顶嘴试试"，而是说"我的建议你需要听从"。

2. 放下权威意识。妈妈在孩子面前，不要做一个"权威人物"，而是可以像朋友一样对待他，这样才会建立起更信任的亲子关系。当妈妈想说"不听话，我就要打你了"时，可以试试"我会听听你的想法，你也得听听我的想法"。朋友间公平的对话，孩子往往无法拒绝。

知识点

1. 拒绝暴力威胁。家庭中应该建立积极的养育方式，建立基于信任的亲子关系，而不能通过暴力威胁的手段迫使孩子屈从，否则会严重阻碍孩子的身心发展。

2. 改变威胁的表达方式。妈妈可以将威胁的话，转换成温和的建议或平和而明确的要求。与孩子像朋友一样，进行公平的对话，互提要求，互相理解。